Commandant JETTE

BEAUMONT ET SEDAN

Conférence faite aux officiers de la garnison de Châteauroux
le 5 mai 1912

PRÉFACE DE M. LE GÉNÉRAL DE LACROIX

Avec trois cartes

LIBRAIRIE MILITAIRE BERGER-LEVRAULT

PARIS

Rue des Beaux-Arts, 5-7

NANCY

Rue des Glacis, 18

1913

Prix : 3 francs

BEAUMONT ET SEDAN

Extrait de la *Revue Militaire générale*

(Berger-Levrault, éditeurs)

Commandant JETTE

BEAUMONT ET SEDAN

Conférence faite aux officiers de la garnison de Châteauroux
le 5 mai 1912

Préface de M. le Général DE LACROIX

Avec trois cartes

LIBRAIRIE MILITAIRE BERGER-LEVRAULT

PARIS | NANCY

Rue des Beaux-Arts, 5-7 | Rue des Glacis, 18

1913

PRÉFACE

Cette étude sur les batailles de Beaumont et de Sedan a été exposée en conférence aux officiers de la garnison de Château-roux; je l'insère dans la *Revue*, d'abord en raison de l'intérêt didactique qu'elle présente, et aussi parce que je tiens à recommander la méthode d'exposition du commandant Jette.

Ayant à discuter quelques points importants de l'art de la guerre, il les a encadrés dans le récit de faits historiques; c'est la méthode du cas concret, sous une forme bien plus convaincante qu'avec une hypothèse créée de toutes pièces, qui peut faire soupçonner l'auteur de l'avoir échafaudée pour les besoins de sa cause.

C'est une des phases les plus douloureuses de la guerre de 1870, que le commandant Jette a prise comme cadre de ses conférences; les conséquences des erreurs et des négligences n'en sont que plus apparentes; il n'est pas de meilleur moyen de se faire écouter, et le récit seul, mieux que toute argumentation, prouve ce qu'il en coûte à un pays de rejeter l'art de la guerre au rang des sciences de second ordre. C'est surtout aux jeunes officiers que s'adressent les conférences de garnison; on ne saurait trop leur y parler de 1870; ils n'ont pas nos défaites toujours devant les yeux, comme leurs devanciers, pour donner un but précis à leurs études et à leurs travaux.

Général DE LACROIX.

BEAUMONT ET SEDAN

MESSIEURS,

Une étude sur la bataille de Sedan n'est pas faite, à première vue, pour tenter un auditoire, surtout un auditoire français. Ce qui constitue, en effet, l'attrait principal d'une action de guerre, c'est la présence de deux volontés adverses mettant en jeu pour se dominer mutuellement tous les moyens matériels et moraux dont elles disposent.

Ici, rien de semblable.

D'un côté, une armée supérieure en nombre, forte de l'ascendant moral que lui ont valu ses retentissants succès de Frœschwiller et de Saint-Privat, maniée par un état-major qui sait la guerre et apporte dans l'exécution de ses plans un esprit de suite et une méthode, fruits d'une longue préparation du temps de paix.

De l'autre, des troupes déjà déprimées par la défaite, commandées par des chefs qui ignorent l'A B C de la grande guerre, qui subissent, plutôt qu'ils n'exécutent, un projet d'opérations dont l'exécution, pour aboutir, eût demandé un instrument de bonne trempe et des virtuoses pour en jouer.

Les opérations autour de Sedan donnent donc moins le spectacle d'un duel entre deux armées que celui d'une véritable chasse à courre dans laquelle les armées allemandes font l'office de traqueurs, et l'armée française joue, hélas! le rôle de gibier.

Dans ces conditions, la journée de Beaumont sera l'hallali courant et Sedan l'hallali par terre qui clôtureront cette lamentable période de nos annales militaires.

L'impression pénible qui se dégage de ces tristes événements donne à des cœurs patriotes une véritable répugnance à les remémorer.

Mais, d'un autre côté, n'est-il pas nécessaire à un corps d'officiers de faire trêve à toute sentimentalité pour suivre dans sa filière la série des faits qui ont acculé une armée de 120.000 hommes, commandée par le héros de Magenta et de Malakoff, à la plus navrante des catastrophes enregistrée par l'histoire.

Ce n'est pas en détournant les yeux de leurs défaillances, en érigeant en tous lieux des monuments à la défaite, en promenant partout le « Gloria Victis » que les vaincus d'Iéna ont préparé le relèvement de Leipzig et le triomphe de Waterloo.

C'est, au contraire, en envisageant froidement les fautes commises et en apportant le fer rouge sur les tares que le désastre leur avait dévoilées.

Cherchons nous aussi les enseignements que comportent les faits de septembre 1870.

Les leçons qui s'en dégagent sont certes d'ordre technique. Elles vont nous montrer à tous les degrés du commandement français une atrophie du sens militaire inouïe chez les fils des héros de la Grande Armée, mais elles sont avant tout d'ordre moral. Et si, au cours de cet entretien, nous pouvons nous convaincre encore davantage que « le sentiment des responsabilités » constitue les trois quarts de la valeur du chef à la guerre, j'aurai rempli le but que je me suis proposé.

LE 25 AOUT

Les IIIe et IVe armées allemandes sont arrivées au seuil de la Champagne; elles marchent sur Paris avec, comme premier objectif éventuel, l'armée de Mac-Mahon vaguement signalée les jours précédents en voie de réorganisation au camp de Châlons.

L'armée de la Meuse, tirée comme vous savez de la IIe armée et composée de la Garde, IVe et XIIe corps, s'avance en une seule ligne sur trois colonnes parallèles entre Meuse et Argonne.

Elle a atteint la ligne Dombasle (XIIe)—Triaucourt (Garde)— Laheycourt (IVe).

Front de marche de cette armée : 30 kilomètres.

La IIIe armée forte de cinq corps plus la division wurtembergeoise est disposée sur deux lignes.

En première ligne :
- Le IIe bavarois . . . . Charmont.
- Le Ve corps . . . . Heiltz-le-Maurupt.
- Le XIe corps . . . . Farémont.

En deuxième ligne :
- Le Ier bavarois . . . . Bar-le-Duc.
- Le VIe corps et les Wurtembergeois . . . . Wassy.

Comme vous le voyez, le dispositif est linéaire à la IVe armée. C'est la colonne double pour la IIIe armée.

La sûreté stratégique ?

Elle est nulle ou à peu près à l'armée de la Meuse ; c'est à peine si les Ve et VIe divisions de cavalerie qui lui sont attachées ont risqué un œil à l'ouest de l'Argonne.

Elles sont le 25, l'une à Dommartin, l'autre à Sainte-Menehould.

Les deux autres divisions de cavalerie, celle de la Garde et du corps saxon sont dans les jambes de leurs corps d'armée respectifs (Le Chemin et Clermont-en-Argonne).

A la IIIe armée, les divisions de cavalerie sont plus actives et font tout ce qu'elles peuvent pour déchirer le voile.

La 2e division de cavalerie éclaire à une journée de marche en avant du front, vers Pogny. Elle a porté plus en avant encore un parti en découverte aux ordres du major de Klocke. Ce détachement a pu traverser le 24 le camp de Châlons, rendre compte qu'il était évacué, pousser ensuite le 25 jusqu'à 2 kilomètres au sud de Reims et s'y heurter aux résidus laissés par l'armée de Mac-Mahon.

De son côté, la 4e division de cavalerie qui couvre le flanc gauche rend compte que les transports de troupes signalés les jours précédents sur la ligne Chaumont—Blesme ont complètement cessé.

Il y avait là un ensemble de renseignements négatifs fournis par ces deux divisions, fort précieux à coup sûr pour le G. Q. G. dont il limitait le champ des recherches. Mais le renseignement positif, où était l'armée de Mac-Mahon ? manquait toujours...

et il manquait parce que l'armée de la Meuse, seule en mesure de le fournir, n'avait donné aucun essor à sa découverte et ne l'avait pas fait soutenir par un système de forces des trois armes.

Messieurs, il n'entre pas dans le cadre de cette conférence de discuter avec vous la question tant controversée à l'heure actuelle des avant-gardes stratégiques.

Après en avoir fait une panacée, les Pontifes de la Doctrine la renient radicalement. Ici comme toujours, en notre pays de Gaule, on semble bien être passé d'un extrême à l'autre.

Si le procédé de l'avant-garde générale ne semble guère applicable *au cas particulier, mais tout particulièrement intéressant, de deux groupes d'armée se concentrant nez à nez, de part et d'autre d'une frontière commune, il n'en va pas de même d'une armée isolée qui s'avance dans le vide et l'inconnu.* Cette armée doit avoir des bras tendus en avant comme un homme qui progresse dans l'obscurité. Ces organes de contact l'avisent à temps que l'ennemi *se meut en forces* dans telle ou telle région.

Et alors le chef échafaudera immédiatement un plan d'attaque et devra ensuite s'y conformer *mordicus.*

En l'espèce, l'armée de la Meuse, le 25 août, aurait dû être précédée de deux forts détachements mixtes poussés respectivement aux débouchés de Grand-Pré et de Sainte-Menehould.

Ces antennes eussent constitué le soutien et le recueil indispensables à la découverte exécutée, d'une part, vers Suippes par la 6e division de cavalerie et celle de la Garde, d'autre part, vers Vouziers par la 5e division de la cavalerie saxonne.

Faute de ce système de forces, le Q. G. de l'armée de la Meuse a passé la journée du 25 sans soupçonner qu'à Vouziers, *à moins de deux étapes de Sainte-Menehould, stationnait toute la droite de l'armée française.*

Ce renseignement, on ne le possédait pas davantage le 26 au matin, quand les deux armées allemandes entamaient leur conversion vers le nord.

Cette conversion a donc été décidée uniquement sur une *hypothèse,* avant qu'aucun fait positif ne soit venu la confirmer.

Messieurs, l'École allemande (gardons-nous de lui en faire trop grief) a tendance à considérer comme géniale l'hypothèse qui se réalise. De Moltke, qui avait certes cette manière de voir, a néanmoins, et c'est tout à l'honneur de sa modestie, tenu dans son récit du G. É.-M. à attribuer la paternité du projet de conversion vers le nord à l'un de ses sous-ordres et à décerner en l'espèce le *premier prix de flair* au Q. M. G. Podbielski.

Quantité de petits papiers affluaient, en effet, depuis quelques jours au G. Q. G. de Bar-le-Duc.

C'étaient d'abord les renseignements négatifs des 2e et 4e divisions de cavalerie relativement aux directions de l'ouest et du sud.

C'étaient des entrefilets de journaux de Paris annonçant la marche probable de Mac-Mahon au secours de Bazaine.

C'était enfin une lettre interceptée provenant d'un officier général de l'armée du Rhin et qui annonçait également la délivrance prochaine de Metz par l'armée de Châlons.

On vit alors l'aide-major général Podbielski soutenir avec chaleur l'hypothèse de la marche sur Metz en faisant valoir l'influence que, dans un pays comme la France, pouvait avoir un emballement de l'opinion publique sur les décisions militaires au point d'imposer pour des raisons purement politiques un projet d'opérations jugé impraticable par les gens du métier.

L'insistance de Podbielski ne laissa pas d'ébranler de Moltke.

Aussi le 25, en même temps qu'il expédiait des ordres aux deux armées en vue d'atteindre, le lendemain 26, la ligne Sainte-Menehould—Givry—Vitry, il achevait l'élaboration d'une variante pour le cas où se confirmerait la marche de Mac-Mahon de Reims sur Metz.

L'objet de cette variante?

Concentrer sur l'itinéraire Reims—Metz, suivi par l'armée de Châlons, en un point convenablement choisi, le plus de forces possibles pour lui barrer la route.

En admettant que l'armée française eût quitté Reims dès le 23 août pour marcher au secours de Metz, elle devait être le 25 dans la région de Vouziers, ayant comme direction ultérieure les ponts de Dun et de Stenay, sur la Meuse.

Or la distance de Vouziers à ces ponts est à peu près celle qui les sépare de Dombasle où se trouvait, le 25, le XIIe corps saxon, aile droite de l'armée de la Meuse.

L'idée conçue par de Moltke était d'acheminer, dès le lendemain, le XIIᵉ corps sur les ponts précités pour y devancer le 27
l'armée française. Attaqué par les têtes de colonnes de Mac-
Mahon, ce corps, après avoir disputé les passages de la Meuse,
retraiterait en combattant vers la région de Damvillers.

Grâce à l'action retardatrice du XIIᵉ corps devenu alors
véritable avant-garde stratégique, le chef du G. É.-M. comptait
gagner encore les deux jours nécessaires pour réunir le 29 août
dans la région de Damvillers, dans le flanc droit de l'armée de
Châlons, toute la IVᵉ armée grossie des corps bavarois et de
deux corps tirés de l'investissement de Metz.

A peine ce projet d'opérations venait-il d'être élaboré que
le G. Q. G. recevait communication d'un numéro du *Temps*,
du 23 août, annonçant d'une façon précise que Mac-Mahon se
mettait en mouvement le jour même pour se porter au secours
de Metz.

Le renseignement du *Temps* venait confirmer à point les
pressentiments divinatoires de Podbielski.

De Moltke sentit qu'il n'y avait plus un moment à perdre
si le renseignement était exact. Il se décida donc à le considérer
comme tel et à prescrire immédiatement la concentration pro-
jetée sur Damvillers.

En conséquence, ordre était donné à 11 heures du soir aux
deux armées de suspendre la marche vers l'ouest : à la IVᵉ armée,
de s'élever immédiatement vers le nord en longeant le versant
oriental de l'Argonne (le XIIᵉ corps en tête faisant un bond
jusqu'à Varennes), à la IIᵉ armée, de serrer sur sa droite.

Avant de suivre les deux armées allemandes dans leur mouvement de conversion, rappelons brièvement quelle était le 25
la situation de l'armée française.

L'armée, dite de Châlons, dont le commandement venait
d'être confié le 17 août au duc de Magenta, se composait des 1ᵉʳ,
5ᵉ, 7ᵉ et 12ᵉ corps français et des deux divisions de cavalerie
de réserve Bonnemain et Margueritte.

Le 1ᵉʳ corps (Ducrot), c'est le vaincu de Wissembourg et de
Frœschwiller ; il a rallié le camp de Châlons dans un état ma-
tériel et moral de désorganisation complète. Le moral n'est

pas plus haut dans les 5e et 7e corps en retraite depuis le commencement de la campagne dans les plus déplorables conditions. Quant au 12e corps, composé d'éléments hétérogènes (régiments de marche et infanterie de marine), sa consistance est des plus douteuses.

L'état d'âme de cette armée, le commandant Vidal, qui faisait partie du 12e corps, le dépeint en quelques lignes saisissantes que je vais vous lire :

« J'écrivis à mon père sous la pénible impression produite « sur moi par tout ce dont j'étais témoin : « Mon cher papa, nous « sommes f..... » Paroles, hélas ! prophétiques, ainsi que l'ont « trop prouvé les événements. Elles m'étaient dictées par la « froide appréciation de tout ce que je voyais : absence de com- « mandement, allées et venues incessantes de troupes débandées, « d'hommes isolés, de fricoteurs ; ordres donnés à tort et à tra- « vers, distributions irrégulières, incomplètes ou nulles ; com- « position plus qu'hétérogène des troupes réunies au camp et « qui en faisait un troupeau, plutôt qu'une troupe ; et enfin, « et surtout une inquiétude générale qui donnait aux physio- « nomies un air morne, abattu... On avait peur ! oui... peur ! »

Le duc de Magenta ne se faisait pas d'illusion sur la valeur de cet instrument ; aussi se refusa-t-il, tout d'abord, à exécuter le projet du ministre de la Guerre.....

Ce projet semblait d'ailleurs émaner moins d'un militaire expérimenté que de ces stratèges en chambre qui vous manient les armées sur le papier à la façon du général d'opérette dans la « Grande Duchesse de Gérolstein »......

Palikao supposait le problème résolu ; son plan consistait à se porter directement de Reims sur Metz par Verdun, pour voler au secours de Bazaine, après avoir bousculé l'aile droite « des armées des Princes » (sic).

Plus modestes étaient les conceptions du duc de Magenta. Replier son armée sur Paris pour s'y refaire et reprendre équilibre. Le mouvement avait déjà été amorcé le 21 par la retraite de l'armée sur Reims lorsque, le 22, survint une dépêche de Bazaine annonçant la bataille de Saint-Privat, *mais l'annonçant comme une bataille indécise et faisant part de son intention de retraite prochaine sur Châlons par Montmédy.*

Dans ces conditions, le maréchal estima que le devoir militaire l'obligeait à aller tendre la main à un collègue jugé, non sans raison, fort empêtré au milieu des armées allemandes, et il rendit compte qu'il allait se mettre en mouvement sur Montmédy, par Vouziers et Stenay. Le 23, l'armée de Châlons était dirigée sur la Suippe.

Si aléatoire que fût cette décision, elle pouvait présenter quelques chances de réussite à condition d'y mettre un peu d'art. Il fallait d'abord le secret... et il n'a pas été gardé par la presse.

D'autre part, avant de se mettre en branle, Mac-Mahon était parfaitement renseigné par les autorités locales sur l'ensemble des mouvements des IIIe et IVe armées allemandes et sur leur situation exacte. Il devait donc s'attendre à être éventé et entravé tôt ou tard dans cette longue marche de flanc exécutée aussi à proximité des forces allemandes.

On ne côtoie pas une armée mobile comme on côtoierait une forteresse. Les règles du *bon sens* élémentaire commandaient donc de dissimuler le plus longtemps possible les mouvements de l'armée de Châlons en interposant entre elle et les armées allemandes un *tampon* suffisant pour les contenir le cas échéant.

L'armée de Châlons atteignait, dans la soirée du 23, la Suippe sur la ligne Heutregiville—Domtrieu. On connaissait la présence de forces ennemies considérables dans la région de Bar-le-Duc. Il y avait donc lieu de constituer de ce côté un fort *détachement de flanc très actif*, fortement doté en cavalerie, ayant pour mission d'attirer sur lui *l'attention et les efforts* des deux armées allemandes.

Le 23, ce corps aurait eu son infanterie (2 divisions) vers Somme-Tourbe, sa cavalerie (division Margueritte) vers Dommartin-sur-Yèvre, sa découverte sur Clermont-en-Argonne, Triaucourt et Revigny.

Le 24, le corps détaché faisait un bond jusqu'à Sainte-Menehould, jetant une avant-garde sur Clermont, une autre sur Villers-en-Argonne. Sa cavalerie poussait jusqu'à Vaubécourt.

Dans cette situation, il masquait sans difficulté la marche de Mac-Mahon, de la Suippe sur l'Aisne.

Le 25, jour où a été décidée la conversion vers le nord, la situation se fût présentée sous un tout autre jour pour de Moltke et son fidèle Podbielski : infanterie ennemie signalée aux défilés des Islettes, cavalerie française inondant la région entre Argonne et Ornain.....

C'était pour le G. Q. G. allemand l'attraction forcée vers la Champagne et le maintien des ordres primitifs en vue d'atteindre la ligne Vitry—Sainte-Menehould.

Et alors, durant que le commandant de la flanc-garde française, par un combat en retraite judicieusement conduit, s'efforçait d'attirer les Allemands vers le camp de Châlons, l'armée de Mac-Mahon continuait sans désemparer vers la Meuse entre Dun et Stenay, gagnait les deux ou trois marches qui la mettaient hors d'atteinte et en mesure d'opérer sa jonction avec Bazaine supposé en marche vers Montmédy.

Vous sentez tous que le commandement de la flanc-garde n'aurait pu être confié à un général ordinaire. Il fallait un ténor, il fallait surtout un chef que l'idée de se trouver seul en face de 200.000 Allemands n'affolât pas d'avance, un chef tout pénétré de l'esprit sacrificiel de sa mission.

Le général Ducrot, dont tout le monde connaît la trempe exceptionnelle de caractère, eût peut-être été ce chef-là.

Quoi qu'il en soit, la marche de Mac-Mahon, de la Suippe sur l'Aisne, se fit à découvert; elle fut, suivant l'expression du général Maillard, au triple point de vue de la préparation, de la conception et de l'exécution, la négation même de l'art.

L'inconscience du haut commandement français est telle que nous voyons, le 23 et jours suivants, la division de cavalerie de Bonnemain constamment maintenue sur le flanc gauche, c'est-à-dire du côté non menacé, sans que personne ait l'idée de se demander ce qu'elle pouvait bien faire là.

A partir du 23, les mouvements ne vont refléter qu'imprévoyance, et incohérence; le 24, toute l'armée s'écarte de la direction de l'est pour se condenser autour de Rethel en vue de s'y ravitailler.

Le 25, continuation de la marche en crabe; on s'aligne sur l'Aisne :

7e corps à Vouziers;

1er et 5e à Attigny et Amagne;

12e corps à Rethel.

Le 26, on pivote sur le 7ᵉ corps à Vouziers pour se remettre face à l'est; le 12ᵉ corps pousse jusqu'à Tourteron; le 5ᵉ corps, jusqu'au Chesne; 1ᵉʳ et 7ᵉ restent sur place.

C'est dans cette situation que la cavalerie allemande va trouver les troupes françaises lors de son exploration du 26, vers Vouziers et Buzancy.

LE 26 AOUT

Dès le 26 août au matin, toute la cavalerie de la IVᵉ armée s'ébranlait vers le nord, à la recherche de la proie qui lui était signalée vers Vouziers et Buzancy.

La 12ᵉ division opère entre Meuse et Argonne. Sa découverte trouve Dun inoccupé, mais se heurte à des forces françaises des trois armes à Grand-Pré et Buzancy.

Les 5ᵉ et 6ᵉ divisions de cavalerie se sont élevées le long du versant ouest de l'Argonne; leurs reconnaissances signalent d'importantes forces ennemies à Vouziers et à Grand-Pré.

Donc, le 26 au soir, la découverte des trois divisions de cavalerie tendait à établir que des forces importantes se trouvaient dans la région Vouziers—Grand-Pré—Buzancy, mais que, d'autre part, l'ennemi n'avait pas encore atteint la Meuse (renseignement négatif de la 12ᵉ division).

Pendant ce temps, toute la IVᵉ armée avait fait par le flanc droit, entre Meuse et Argonne, et s'était élevée d'une étape vers le nord. Le XIIᵉ corps, en tête, atteignait Varennes;

La Garde, Dombasle;

Le IVᵉ corps, Fleury.

Les deux corps bavarois qui marchaient à l'aile droite de la IIIᵉ armée sont pris directement en main par le Q. G. et poussés jusqu'à Triaucourt.

Dans la IIIᵉ armée, on se contente ce jour-là de serrer sur le corps de droite vers Heiltz-le-Maurupt; demain on fera par le flanc droit pour s'élever vers le nord par le versant occidental de l'Argonne. Ce détour était obligé, car cinq corps se pressaient déjà les uns derrière les autres entre Meuse et Argonne.

LE 27 AOUT

Les troupes françaises auxquelles se heurtait la cavalerie allemande à **Grand-Pré** et **Buzancy** n'étaient autres que la brigade
Bordas détachée de Vouziers sur ce point par le général Douay.

Celui-ci avait donc entrevu la nécessité d'une flanc-garde
et en cela il avait été bien inspiré, mais où il le fut beaucoup
moins, c'est en s'adressant à la brigade Bordas pour la constituer.

L'apparition des uhlans prussiens qui voltigeaient autour
de la brigade suffit pour faire perdre la tête à l'infortuné Bordas.
Avec cette optique spéciale aux gens sans caractère, il se crut
toute l'armée allemande sur les bras et en rendit compte au
commandant de l'armée.

Ce renseignement était contredit par les informations très
précises des autorités administratives de la région qui signa-
laient toutes les armées allemandes encore beaucoup plus au
sud. Néanmoins Mac-Mahon n'hésita pas à lui donner créance.
Bien plus, gagné, lui aussi, par la contagion de l'affolement, il
oublia du coup le but à atteindre et prescrivit pour le 27 une
conversion de toute l'armée vers le sud pour secourir Bordas.

C'était faire comme à plaisir le jeu de l'adversaire, alors que
tout commandait, au contraire, de laisser Bordas se débrouiller
tout seul (avec ou sans mentor) et sous la protection de cette
flanc-garde de circonstance, de gagner à tire-d'aile les passages
de la Meuse à Mouzon.

Dans la matinée du 27, on finit par se rendre compte que le
7e corps n'avait en face de lui que de la cavalerie. Contre-ordres
pour reprendre la marche vers l'est, désordre indescriptible
dans les colonnes déjà aiguillées vers le sud. Finalement, piéti-
nement sur place des quatre corps d'armée dans la région Vouziers, **Le Chesne**, **Buzancy**.

Pour comble de malheur, le général Douay, apitoyé par les
doléances du malheureux Bordas, le rappelait dans le giron
de son corps d'armée à Vouziers, précisément au moment où
sa brigade allait pouvoir jouer un rôle utile de flanc-garde à
Grand-Pré.

Quos perdere vult Jupiter dementat.....

Une armée qui, à des brigadiers comme de Goltz et de Schkopp, ne peut opposer que des Bordas, cette armée-là est battue d'avance.

Pendant que le temps se gaspillait à l'armée de Châlons, les quatre divisions de cavalerie découplées à ses trousses par M. de Moltke en avaient complètement délimité les contours et préludaient en quelque sorte à l'investissement de cette armée en tenant avec leurs gros la ligne Nouart—Grand-Pré—Buzancy—Monthois, le 27 au soir.

De son côté, l'infanterie des deux armées s'élevait rapidement par les deux flancs de l'Argonne.

A l'est de ce massif, le XII° corps a sauté sur les ponts de Dun et de Stenay, barrant ainsi à Mac-Mahon la route directe de Metz, plus en arrière, la Garde et le IV° corps atteignent la région de Montfaucon.

Les deux corps bavarois arrivent sur la voie ferrée Verdun—Clermont-en-Argonne.

A l'ouest du massif, les *trois corps prussiens échelonnés les uns derrière les autres, chacun en deux colonnes*, amènent leur tête à Sainte-Menehould, leur queue à Charmont.

Toutes les troupes ne sont suivies que de leurs trains régimentaires, les gros bagages sont laissés en arrière. Néanmoins, pendant toute la période du 27 août au 2 septembre, le problème du ravitaillement a été résolu. Le fait est digne de remarque, particulièrement à la III° armée où **trois corps** marchent dans le même sillage. Il démontre en tout cas la possibilité d'adopter éventuellement des dispositifs en profondeur pour une armée.

LE 28 AOUT

L'ensemble des renseignements parvenus au G. Q. G. de Clermont pour la journée du 27 août établissait que l'ennemi s'avançait partie par Buzancy, partie par Beaumont, que, selon toute apparence, son mouvement avait été enrayé le 27, qu'en tout cas, il n'avait pas encore atteint la Meuse.

Ce n'était donc plus dans la région de Damvillers mais sur la rive gauche de la Meuse qu'on pouvait espérer l'atteindre. Dès lors, *l'intervention des corps prussiens de la IIIe armée dans la bataille décisive devenait possible. L'appoint des troupes tirées du blocus de Metz devenait inutile.*

L'envoi de celles-ci était contremandé. Le contre-ordre les atteignit à Briey et Étain (X^e et IIIe corps).

Les deux armées allemandes allaient continuer le 28 leur *mouvement ascensionnel vers le nord* en vue d'atteindre le 29 la ligne Buzancy—Stenay (IVe armée)—Grand-Pré—Monthois (IIIe armée).

Les deux corps bavarois, réserve stratégique, étaient dirigés de la droite vers le centre, à **Grand-Pré**.

Cependant, de tous côtés, depuis la veille au soir, les rapports affluaient au Q. G. de Mac-Mahon, rapports des autorités administratives s'entend; la cavalerie ne faisait rien et on ne lui demandait rien. Tous ces rapports *tendaient à montrer l'encerclement de l'armée de Châlons se dessinant de plus en plus sur les deux flancs de l'Argonne.* En même temps le maréchal apprenait d'une façon positive que **Bazaine** n'était pas en marche sur Montmédy, *mais bel et bien enfermé dans Metz.*

Dès lors l'opération, si mal amorcée d'ailleurs, se présentait sous un jour autrement compliqué. Il ne s'agissait plus d'aller au-devant de l'armée du Rhin pour lui *tendre la main* dans la région de **Montmédy**, mais d'aller la *débloquer* sur la **Moselle**.

Le duc de Magenta sentit toute l'inanité de l'effort à tenter dans la situation présente aggravée par ces innombrables tergiversations des jours précédents.

Il s'était donc décidé à se dérober à l'étreinte de l'adversaire en se repliant sur **Mézières** et avait expédié des ordres en conséquence le 27 au soir, lorsqu'il reçut, le 28, le télégramme historique de Palikao le sommant de reprendre la marche vers l'est. Ce télégramme débutait en ces termes : « Si vous abandonnez Bazaine la révolution est dans **Paris**. »

Le maréchal céda aux instances du ministre.

Les ordres donnés la veille pour la retraite sur **Mézières** furent contremandés dans les premières heures de la journée du 28 et remplacés par d'autres ayant pour objet la reprise du mouvement sur Montmédy et Metz.

Ces nouvelles instructions allaient parvenir aux corps d'armée quand ils étaient déjà en marche vers le nord. *C'était le contre-ordre avec son cortège inévitable de conséquences désastreuses* et, au bilan, un déplacement vers l'est de 8 à 15 kilomètres à peine.

Le maréchal de Mac-Mahon devait-il obtempérer aux injonctions du ministre de la Guerre parlant au nom du Conseil des ministres?

Messieurs, la réponse à cette question, Napoléon nous l'a donnée par avance dans ses commentaires de Sainte-Hélène.

« Un général en chef, dit-il, n'est pas à couvert par un ordre « d'un ministre ou d'un prince éloigné d'un champ d'opérations « et connaissant mal ou ne connaissant pas le dernier état des « choses.

« 1º Tout général en chef qui se charge d'exécuter un plan « qu'il trouve mauvais ou désastreux est criminel.

« 2º Le ministre, le prince donnent des instructions auxquelles « le général en chef doit se conformer en son âme et conscience, « mais ces instructions ne sont jamais des ordres militaires et « n'exigent pas une obéissance passive. »

La décision fut néfaste, l'exécution fut lamentable.

Les 12e et 1er corps, aiguillés sur Mouzon, parvinrent sans trop de difficultés au Chesne et à la Besace.

Quant aux 5e et 7e corps, ils étaient dirigés sur Stenay. Le 5e corps ouvrait la marche, venant de Brieulles, se portait en deux colonnes sur Buzancy, lorsque, en arrivant à quelques kilomètres de cette localité, on vint annoncer au général de Failly la présence de forces ennemies considérables en arrière de Buzancy.

De quoi s'agit-il? De percer, à tout prix, sur Buzancy pour s'ouvrir le passage vers la Meuse.

Solution adoptée par le général de Failly : *Déploiement de tout son corps d'armée face à Buzancy à cheval sur la route, et on attend.*

Qu'avait-on devant soi? Tout simplement la 12e division de cavalerie saxonne qui faisait la police autour de Buzancy. La seule présence de cette division dans les parages a suffi pour faire *arrêter pile* tout le corps de Failly.

A aucun moment il ne lui vient à l'idée d'attaquer vigoureusement pour s'ouvrir la voie.

Il demande bien du secours au 7e corps qui arrivait à ce

moment à Boult-au-Bois après une série de marches et de contre-marches. Mais le général Douay fait répondre que son corps d'armée est trop fatigué pour appuyer le 5ᵉ corps. Voilà comment le haut commandement français de 1870 entendait l'esprit d'offensive et la camaraderie de combat.

Toujours hypnotisé par la crainte du traquenard à Buzancy, le commandant du 5ᵉ corps prend la résolution, vers 5 heures du soir, de faire un long détour par le nord, par de mauvais chemins, pour regagner la route de Stenay vers Nouart.

Dé son côté, la division de cavalerie saxonne, l'épouvantail du général de Failly, ne tenait rien moins qu'à en découdre avec le 5ᵉ corps français. Elle alla rejoindre la cavalerie de la Garde au sud de Buzancy, après une échauffourée sans importance dans l'intérieur du village avec quelques escadrons français.

Les deux adversaires s'étaient mis réciproquement en fuite !

La nuit surprit le général de Failly en cours de route; finalement, il dut arrêter ses troupes épuisées par les mauvais chemins détrempés et les mettre au bivouac dans les environs de Belval et Bois des Dames.

Entre 7 heures et minuit les bivouacs du 5ᵉ corps s'allumèrent sur les hauteurs. Ils allaient constituer un renseignement précieux pour les Allemands.

A ce moment, en effet, une compagnie de soutien envoyée à la cavalerie par les corps de la Garde s'installait aux avant-postes sur les hauteurs sud de Buzancy. Le lieutenant de Roon, commandant cette compagnie, découvrit les feux du 5ᵉ corps. Il s'empressa d'envoyer directement au G. Q. G. le renseignement suivant :

« Feux de bivouac sur la ligne Belval—Bois des Dames et dans la direction de Stenay sur tout le front de l'armée de la Meuse. »

Le rapport du lieutenant de Roon fut le bienvenu au G. Q. G.

En effet, les allées et venues provoquées dans les troupes françaises par les ordres et contre-ordres successifs reçus ce jour-là entraînèrent forcément dans l'après-midi du 28 des rapports en apparence contradictoires des quatre divisions allemandes. A la vérité, les renseignements concordaient pour constater l'évacuation de Vouziers, mais il était difficile de démêler dans d'autres rapports *si les Français persistaient dans leur marche vers l'est, se décidaient à retraiter vers le nord ou même n'allaient pas revenir sur leurs pas.*

C'est au fantassin Roon que revint l'honneur d'éclairer définitivement la situation : *L'adversaire continuait sa marche vers la Meuse.*

Au reçu de ce renseignement, de Moltke craignit que la IVe armée, en avance d'une marche vers le nord sur la IIIe, ne se trouvât attaquée isolément avant que les corps prussiens n'aient eu le temps d'accourir ; il prescrivit, en conséquence, au prince royal de Saxe de faire le vide, le cas échéant, devant l'armée de Châlons afin de n'aborder l'adversaire qu'après concentration de toutes les forces allemandes.

L'ordre expédié dans ce sens à 11 heures du soir était ainsi conçu : « L'apparition de l'ennemi à Buzancy dénote le projet de secourir Metz. Il est à supposer qu'à cet effet un ou deux corps suivent la route de Buzancy à Stenay, tandis que le reste de l'armée défile plus au nord par Beaumont. Afin de ne pas provoquer l'offensive des Français avant une concentration de nos forces, le prince royal de Saxe appréciera s'il convient de réunir tout d'abord ses trois corps dans une position défensive à peu près entre Aincreville et Landres. La 47e brigade continuera à tenir les passages de Dun et Stenay. »

Cet ordre répondait-il à la situation ? Était-il naturel de refuser le fer, de rappeler le XIIe corps sur la rive gauche de la Meuse et de lui faire lâcher les passages de la rivière précisément au moment où l'ennemi allait s'y présenter en force ? En négligeant de prendre le contact par les têtes de colonnes d'infanterie ou laissant à l'ennemi son entière liberté d'action toute la journée du 29 on lui laissait la faculté de franchir la Meuse (1).

En admettant un effort désespéré de Mac-Mahon vers le sud, les 80.000 hommes de l'armée de la Meuse appuyée d'une puissante artillerie et d'une nombreuse cavalerie avaient une capacité de résistance suffisante grâce à la puissance dilatoire de

---

(1) Il semble qu'entre *faire le vide* et *s'engager à fond* il y avait place pour une autre solution..., celle qu'en fait adopta le commandant de l'armée de la Meuse.

l'armement moderne pour gagner les vingt-quatre heures nécessaires à l'intervention de la III⁰ armée.

En fait, le mouvement rétrograde sur Aincreville ordonné par
de Moltke ne semble pas plus justifié que l'eût été le 16 août un
recul d'Alvensleben des Baraques sur Thiaucourt, ou le recul du
maréchal Lannes sur la rive droite de la Saale, la veille d'Iéna.

Heureusement pour de Moltke, les sous-ordres allaient montrer moins de circonspection et ne devaient pas hésiter à croiser
le fer.

LE 29 AOUT

Lorsque, en effet, le 29 au matin, les trois commandants de
corps d'armée furent arrivés au rendez-vous d'Aincreville, tous
émirent l'avis que demeurer là, c'était s'exposer à perdre le
contact de l'armée française.

Le prince royal de Saxe se rangea à cette opinion et s'empressa
de pousser sur-le-champ ses têtes de colonnes sur la ligne Buzancy
—Nouart.

Du côté français, le maréchal de Mac-Mahon, apprenant que
le pont de Stenay était entre les mains des Allemands, se décida
à rappeler sur Mouzon les 5⁰ et 7⁰ corps qui devaient passer la
Meuse à Stenay.

Malheureusement, le capitaine de Grouchy, porteur du contre-
ordre pour le général de Failly, fut enlevé par la cavalerie allemande. Le 5⁰ corps continua donc sa marche de Belval sur
Stenay, en deux colonnes, par Beaufort et Beauclair.

Ce mouvement avait pour conséquence de le heurter aux
têtes de colonne du 12⁰ saxon dirigé d'Aincreville sur Nouart.

A la vue de l'avant-garde saxonne, de Failly s'empressa de
prendre position sur les hauteurs de Bois des Dames et Champy ;
l'avant-garde saxonne, elle, s'engage avec prudence suivant les
instructions générales reçues.

L'escarmouche qui s'ensuivit se termina à 4 heures sans
avantages marqués de part et d'autre. Le général de Failly
venait enfin de recevoir l'ordre de se replier sur Beaumont et
évacuait les hauteurs au nord de Nouart.

De leur côté les Saxons retraitaient au sud de Nouart.

LE 30 AOUT

L'ensemble des renseignements fournis au G. Q. G. allemand, tant par les divisions de cavalerie que par l'avant-garde du XIIe corps, permettaient d'établir que, le 29 au soir, l'armée française *avait le centre de gravité de ses forces entre Le Chesne et Beaumont et qu'elle semblait devoir continuer sa marche vers la Meuse.*

Les lenteurs de cette marche ayant permis à la gauche de la IIIe armée d'arriver en temps utile à hauteur de la IVe armée, il était maintenant possible à l'état-major allemand d'attaquer avec les forces réunies des deux armées les troupes de Mac-Mahon.

En conséquence ordre était donné :

A l'armée de la Meuse, de marcher sur Beaumont en se tenant à l'est de la route Buzancy—Beaumont, franchir à 10 heures du matin la ligne Fossé—Beauclair, conserver le corps de la Garde en réserve.

A la IIIe armée, appuyer l'attaque de l'armée de la Meuse avec deux corps d'armée en dirigeant à droite les corps bavarois sur Beaumont, la gauche des corps prussiens sur le front Stonne—Le Chesne.

Les dispositions ci-dessus allaient avoir pour résultat de faire converger sur un point géométrique (Beaumont) cinq corps d'armée (les trois corps de l'armée de la Meuse et les corps bavarois). En entassant dans cette cuvette de Beaumont, large à peine de 4 kilomètres, cinq fois plus de forces qu'elle n'en pouvait contenir, on s'exposait à voir les quatre cinquièmes de ces forces réduits à l'impuissance faute d'espace pour se déployer... c'est ce qui arriva.

Quoi qu'il en soit, en exécution des directives du G. Q. G., le prince royal de Saxe avait prescrit à ses deux corps de première ligne, IVe et XIIe, de converger sur Beaumont en quatre colonnes de division, savoir :

8e division par Fossé, la Tuilerie, Belval (artillerie de corps);

7e division par Nouart, Champy et Belle-Tour;

24ᵉ division par Beaufort et Belle-Tour;

23ᵉ division A. C. par Beauclair, Laneuville et la route de Stenay.

Il était prescrit à chaque colonne de division, en arrivant à la lisière nord de la forêt de Dieulet, d'attendre pour déboucher que les autres colonnes soient arrivées à sa hauteur et de n'engager provisoirement l'action que par l'artillerie.

Du côté français :

L'intention de Mac-Mahon est de faire passer ce jour-là ses forces sur la rive droite de la Meuse.

Le 12ᵉ corps s'y trouvait déjà depuis la veille et campait sur la rive droite à hauteur de Mouzon.

Le 1ᵉʳ corps la franchit à Remilly sur un bac.

Le 7ᵉ corps quitte Osches à 4 heures du matin, direction Mouzon; il trouve sa route encombrée par tous les convois de l'armée et reste bloqué à l'entrée de Stonne jusqu'à 1 heure de l'après-midi. Entendant alors le canon vers Beaumont, le général Douay renonce à continuer sur Mouzon. Il se décide à prendre son itinéraire par Raucourt sur Remilly, mais le contre-ordre n'arrive pas en temps utile à la division de tête (Conseil Dumesnil) qui, continuant sur Mouzon, allait être englobée dans le désastre du corps de Failly.

Avisé très tard d'avoir à rétrograder par Beaumont sur Mouzon, le 5ᵉ corps, après le combat de Nouart, avait traversé *dans la nuit la forêt de Dieulet et c'est à 5 heures seulement que son arrière-garde débouchait de la forêt.*

A ce moment l'état d'épuisement des troupes décida le général de Failly à leur accorder quelque repos avant de rompre sur Mouzon. Les règles les plus élémentaires de prudence commandaient, dans ce cas, de s'arrêter au nord de Beaumont avec le gros de ses forces.

Là, avec un beau champ de tir, des vues découvertes et une arrière-garde à la cote *212* surveillant les débouchés de la forêt de Dieulet, toute surprise pouvait être évitée à peu de frais.

On se demande par suite de quelle aberration le commandant du 5ᵉ corps prit la solution diamétralement opposée. Sur 32 bataillons, 14 seulement allèrent s'installer au nord de Beaumont. *Le gros du corps d'armée et la majeure partie de l'artillerie vinrent*

*s'affaler à la cote 212, le nez à la forêt de Dieulet, sans qu'aucune
mesure de sécurité sérieuse ait été prise.*

Ni l'engagement de la veille à Nouart, ni les avis répétés d'habitants du pays accourant de tous côtés haletants et essoufflés
pour annoncer l'approche de l'armée allemande, n'arrivent à sortir
le commandement français de sa torpeur et à lui faire ouvrir l'œil
vers les débouchés de la Tuilerie et de Belle-Tour par lesquels
s'avancent menaçantes les colonnes du IVᵉ corps allemand.

Dans ce corps d'armée qui n'a pas fait encore parler de lui
depuis le commencement de la campagne, officiers et soldats
brûlent de se signaler à leur tour. Le général en chef Alvensleben
appartient à une famille où l'on est habitué à solutionner ron-
dement une affaire sur le champ de bataille. C'est dire avec
quelle rapidité sera réglée celle qui l'amène en présence d'un
adversaire s'offrant bénévolement à ses coups.

BATAILLE DE BEAUMONT

La 8ᵉ division, colonne de gauche du IVᵉ corps, avait débouché
de Fossé à 10 heures du matin suivant les ordres reçus. L'artillerie de corps marchait avec cette colonne où se trouvait le
général Alvensleben.

En passant à Belval, le commandant du corps d'armée se
rencontre avec le 17ᵉ uhlans saxons en reconnaissance dans ces
parages depuis la veille. Le colonel de Miltitz, commandant ce
régiment, avise Alvensleben que d'une hauteur avoisinant Bois-
les-Dames il a observé, dans la matinée, un gros campement
français établi au sud de Beaumont et qu'il a jeté immédiatement
au delà de la forêt de Dieulet un escadron pour reconnaître de
plus près le camp ennemi. Le capitaine de Nostitz, commandant
l'escadron, *a fait savoir que l'ennemi n'a pas d'avant-postes.*

Le général Alvensleben entrevoit immédiatement un coup
de surprise à tenter. Il prescrit, en conséquence, à sa colonne
de gauche de se glisser silencieusement à travers la forêt de
Dieulet et de se rassembler le plus à couvert possible en arrivant
au débouché.

La configuration du terrain allait singulièrement faciliter les projets d'Alvensleben. Au sortir de la forêt, la route de Belval à Beaumont débouche dans le vallon de la Wamme et ce vallon suit exactement les contours de la lisière de la forêt. Il allait donc constituer une espèce de *place d'armes* où la 8e division pouvait se rassembler à loisir, complètement à l'abri des vues du campement français.

Le 4e bataillon de chasseurs, tête d'avant-garde, se faufile avec précaution jusqu'à la ferme de Petite-Forêt pour couvrir le rassemblement durant que la 16e brigade se masse à la lisière du bois. Les batteries d'avant-garde vont s'établir en position à l'est de Beauséjour et ont l'ordre d'ouvrir le feu dès que la 16e brigade aura débouché.

Alvensleben est là à côté de ses batteries, guettant le moment où il pourra déchaîner la tempête, quand soudain une vive agitation se produit dans le camp français. Les troupiers venaient de recevoir l'ordre d'abattre les tentes pour se replier sur Mouzon.

Le chef du IVe corps allemand, lui, croit voir dans ce remue-ménage la preuve que sa présence vient d'être éventée. Il donne aussitôt l'ordre aux batteries d'avant-garde d'ouvrir le feu. Il est 12h 30. Distance d'ouverture du feu 600 mètres à peine.

Les obus allemands tombant dans le camp français produisent l'effet d'une pierre dans la fourmilière. Tout le monde court aux armes pêle-mêle à la voix des officiers dont les commandements s'entrecroisent. *Il n'y eut pas panique, c'est un hommage à rendre au vieux sang gaulois, mais fuite en avant* d'une ligne épaisse de tirailleurs dans la direction des batteries allemandes. Les batteries françaises confondues dans les rangs de l'infanterie essaient, mais en vain, d'esquisser une mise en batterie.

Cependant, si désordonnée que soit la fusillade de l'infanterie française, elle n'en cause pas moins des pertes telles à l'artillerie allemande que celle-ci ne dispose bientôt plus que de deux ou trois hommes par pièce.

Les fusiliers du 96e sont dirigés en soutien de ces batteries.

Le reste de la 16e brigade se rassemble à la Tuilerie.

Vers 1 heure les tirailleurs français menacent Petite-Forêt, mais ils sont reçus par le feu à volonté du 4e chasseurs allemands embusqué dans les haies et les bâtiments de la ferme.

Le commandant du bataillon, major de Lettow, fait entrer en ligne ses soutiens et les tirailleurs français sont rivés au sol.

Cependant le 31e a débouché à son tour, il reçoit l'ordre d'entrer immédiatement en action à la droite des chasseurs. Le 71e, dernier régiment de la division, s'établira provisoirement en réserve générale à la sortie du bois. L'artillerie de corps fait alors son apparition et n'hésite pas à s'engager dans le blanc du feu à côté de l'artillerie divisionnaire.

C'est alors que se fait sentir à droite l'action offensive de la 7e division.

La tête de cette division avait atteint Belle-Tour vers midi. Un mouvement de terrain intermédiaire empêchait de ce point d'apercevoir les campements français.

Le général de Schwartzoff, commandant la division, était donc occupé à rassembler méthodiquement sa division en avant du bois en attendant le débouché des colonnes latérales quand, à 12h 30, se fait entendre à gauche la voix du canon. Fidèle aux principes de camaraderie de combat, si vivace dans l'armée allemande, le général de Schwartzoff lance immédiatement le 66e, son régiment de tête, vers la gauche, au pas de course, et ce régiment vient immédiatement tendre la main aux troupes de la 8e division qu'il prolonge à droite. Les quatre batteries de la 7e division n'hésitent pas à se placer sur la ligne des tirailleurs, car là seulement elles ont des vues.

Du côté français, les éléments de seconde ligne, brigade Fontanges à gauche, 86e à droite (1er et 3e bataillons), tentent une contre-attaque à la baïonnette. Mais elle est arrêtée net, *car chez nous on combat à une arme contre deux.*

Le 86e perd 400 hommes. L'ennemi est déjà à 50 mètres du drapeau, la panique s'empare des hommes malgré les efforts des officiers et tout fuit pêle-mêle vers Beaumont, entraîné dans la débandade générale du 5e corps.

Le camp français abordé de plusieurs côtés à la fois tombe entre les mains des Allemands qui pénètrent dans Beaumont sur les talons des fuyards et ramassent de nombreux prisonniers.

A 2 heures de l'après-midi, Beaumont est entre les mains de la 8e division.

Messieurs, le temps dont je dispose ne me permet que de vous donner un aperçu très rapide de la poursuite énergique faite au delà de Beaumont par le IVᵉ corps menant battant les débris du 5ᵉ corps français sur Mouzon.

Si le 5ᵉ corps put échapper à une destruction totale, il le dut d'abord à la position de repli prise sur les hauteurs au nord de Beaumont par celles de ses fractions qui y étaient campées et avaient de ce fait échappé en partie à la dissolution provoquée par la surprise.

Le 5ᵉ corps dut encore son salut aux dispositions prises par le commandant du 12ᵉ corps (général Lebrun) pour soulager son mouvement de retraite. Le général Lebrun fit passer sur la rive gauche de la Meuse la brigade Villeneuve et la brigade de cuirassiers de Béville. La brigade Villeneuve, en occupant le mont de Brune et le village de Villemontry, put contenir un certain temps les progrès du IVᵉ corps.

En fin de journée, la charge héroïque des cuirassiers de Béville permit aux débris du corps de Failly de s'écouler par les ponts de Mouzon et de Villers-devant-Mouzon.

De plus, la division Lacretelle, du 12ᵉ corps, en garnissant les bois des Flaviers, prit d'écharpe la droite allemande.

Mais c'est surtout aux dispositions initiales défectueuses prises par le grand État-major allemand que le 5ᵉ corps dut surtout son salut ce jour-là.

Ainsi que je vous l'ai dit tout à l'heure, le front de marche de la IVᵉ armée en se rétrécissant progressivement sur Beaumont allait rendre impuissante l'action du XIIᵉ corps.

Ce corps d'armée, en débouchant par Belle-Tour et la grande route de Stenay, trouva tout le terrain devant lui déjà couvert par l'aile droite du IVᵉ corps. Il fut par suite coincé entre cette aile droite et la Meuse, et si son artillerie put arriver à se déployer sur les hauteurs au sud et au nord de Letanne, son infanterie, confinée dans le couloir de la Meuse, fut incapable de progresser.

Il semble que cette situation aurait dû frapper le prince Georges de Saxe, commandant le corps d'armée. A ce moment l'allure générale du combat s'annonçait comme une poursuite à exécuter sur une grande échelle. Le commandant du XIIᵉ corps aurait donc été bien inspiré en faisant franchir la rivière au pont de Pouilly à la plus grande partie de son corps d'armée pour intercepter toute retraite des Français sur la rive droite.

Il n'est pas téméraire de penser qu'à la place du général saxon, un général prussien n'eût pas hésité à prendre cette initiative et à enfreindre la lettre de l'ordre pour se conformer à son esprit. C'est ce que fit de Pape, le 18 août, en abandonnant la direction d'Amanvillers pour celle de Saint-Privat—Raucourt.

Vous sentez l'influence capitale de ce mouvement sur la marche ultérieure du combat.

Du coup, il fait tomber toute la ligne de défense du bois des Flaviers qui gêne les progrès d'Alvensleben. Le corps Lebrun, attaqué lui-même sur son flanc droit, était englobé dans le désastre qui s'était abattu sur le 5e corps...

A la IIIe armée qui marchait, comme vous savez, sur la ligne Beaumont—Le Chesne, le combat fut loin de revêtir la vigueur que nous avons constatée au corps d'Alvensleben.

Cette armée avait pour objectif le front Beaumont—Le Chesne.

Le 1er bavarois, qui tenait la droite, stimulé par les invitations pressantes du général Alvensleben, avait marché résolument vers la route de Stonne à Beaumont, culbuté la division Conseil-Dumesnil qui cheminait dans cette direction, l'avait rejetée sur Raucourt pendant qu'un détachement de flanc droit accompagnait la poursuite à l'aile gauche du IVe corps vers Mouzon.

Par contre, le rôle du reste de la IIIe armée fut presque nul ce jour-là.

Le Ve corps, qui marchait de Grand-Pré sur Stonne, apprit en cours de route, par sa cavalerie, que les hauteurs étaient fortement occupées par l'ennemi. C'étaient les troupes du 7e corps français, général Douay, qui grouillaient là pêle-mêle avec les convois de l'armée qui les avaient coupées dans leur marche.

Ce renseignement impressionna fort le Q. G. de la IIIe armée qui, trouvant les hauteurs de Stonne un morceau trop gros à enlever pour le Ve corps, le fit stopper à Osches et prescrivit au XIe corps de déboîter à droite et de se masser à Brieulles. On maintenait ainsi la IIIe armée à distance respectueuse des positions de Stonne, attendant qu'il plaise à l'ennemi de les évacuer.

L'historique allemand, toujours soucieux de justifier les fautes commises, a cru devoir expliquer cette attitude passive en disant : « Il était évident que plus l'adversaire s'attarderait à Stonne, plus sa situation deviendrait mauvaise. »

Ce qui est beaucoup plus évident, c'est que le moyen le plus sûr d'attarder l'ennemi à Stonne était de l'immobiliser en l'attaquant.

De fait, le 7e corps put retraiter sur Raucourt, sans être inquiété en cours de route par les 2e et 4e divisions de cavalerie maintenues en laisse derrière le Ve corps.

Ce ne fut que quand les Français eurent complètement évacué les hauteurs de Stonne que les Ve et XIe corps se décidèrent, vers 3 heures de l'après-midi, à les occuper.

Ainsi donc, si on excepte le corps d'Alvensleben II et le 1er bavarois, les opérations militaires allemandes ont revêtu dans la journée du 30 août une prudence méthodique qui semble incompatible avec l'ascendant moral pris par les Allemands depuis le commencement de la campagne.

Il n'est pas téméraire d'affirmer qu'avec un chef comme Napoléon, une tout autre impulsion eût été donnée aux IIIe et IVe armées.

Si on avait fait agir ce jour-là le XIIe corps et la Garde par la rive droite de la Meuse, si à la IIIe armée les Ve et XIe corps s'étaient engagés vigoureusement devant Stonne, cette journée du 30 août pouvait amener des résultats décisifs contre trois corps français (5e, 7e, 12e).

Dès lors, les journées suivantes prenaient le caractère d'une poursuite à exécuter sur une vaste échelle, il n'était plus question d'une seconde bataille à livrer autour de Sedan, mais de débris à pousser battant sur la frontière belge.

On objectera à cela que les opérations ainsi conduites à la manière d'Iéna eussent donné des résultats moins complets peut-être que l'enveloppement de Sedan. Le fait est incontestable, mais si les Allemands ont pu réussir leur coup de filet de Sedan, c'est qu'aux fautes commises les jours précédents, Mac-Mahon a ajouté celle impardonnable d'embouteiller et d'immobiliser, le 31, toute une armée dans l'entonnoir qu'est cette place, alors que, l'ennemi étant encore à une journée de marche, il pouvait filer vers la région du nord sous la protection d'une arrière-garde.

En laissant échapper, le 30, l'occasion d'écraser la majeure partie de l'armée française, les Allemands risquaient fort de voir l'occasion ne plus se représenter.

Ils l'ont retrouvée quarante-huit heures après dans des conditions sans précédent dans l'histoire; mais pouvaient-ils le prévoir le 30 août?

LE 31 AOUT

Le roi Guillaume et son chef d'état-major postés, le 30 août, sur les hauteurs de Sommauthe, avaient vu se dérouler à leurs pieds tout le panorama de la bataille de Beaumont.

Rentré très tard au G. Q. G. de Buzancy, à l'issue de la bataille de Beaumont, de Moltke expédiait immédiatement les directives ci-après aux commandants des IIIe et IVe armées (résumé) :

« La poursuite se continuera vigoureuse le 31 dans la direction du nord, de façon à acculer l'ennemi à la frontière belge.

« Le prince royal de Saxe jettera deux corps sur la rive droite de la Meuse pour intercepter tout le terrain entre cette rivière et la frontière.

« La IIIe armée, progressant par la rive gauche, cherchera des hauteurs de cette rive à canonner les colonnes ennemies en aval de Mouzon. »

En exécution de ces ordres :

La IVe armée portait immédiatement le XIIe corps et la Garde sur la rive droite; le XIIe corps marchant par Létannes sur Douzy, la Garde par Pouilly sur Carignan et au delà. Chacune de ces deux fractions était précédée d'une heure sur son itinéraire par sa division de cavalerie.

La marche des deux divisions de cavalerie s'effectua sans rencontrer de résistance. La cavalerie saxonne ramassa voitures et traînards à Douzy.

Le 31, au soir, la Garde, occupant toute la zone entre la Chiers et la frontière belge, cantonnait de Pouru-Saint-Rémy à Carignan.

Le XIIᵉ corps — avant-garde à Douzy, gros dans la région Tétaigne—Mairy, — tenait tout le terrain entre Chiers et Meuse.

En deuxième ligne : le IVᵉ corps cantonnait autour de Mouzon.

La IIIᵉ armée a progressé, le 31, par la rive gauche de la Meuse sur deux lignes.

En première ligne : le Iᵉʳ bavarois a marché de Raucourt sur Remilly, s'est saisi du viaduc de la voie ferrée, à la barbe des Français qui occupaient Bazeilles. Dans la nuit, un pont de bateaux va être jeté un peu plus au sud, à Aillicourt. Le XIᵉ corps a marché de Stonne sur Donchery, qu'il occupe dès le 31 au soir, par une avant-garde. Le gros du corps d'armée à Chevenges.

En deuxième ligne : le Vᵉ corps des environs de Stonne sur Bulson, Omicourt et Connage où il cantonne.

Le IIᵉ bavarois a poussé jusqu'à Raucourt.

Le front du dispositif est éclairé par la 4ᵉ division de cavalerie.

Le flanc gauche, dans la direction de Mézières, est couvert par la division wurtembergeoise, poussée à Flize, et la 6ᵉ division de cavalerie éclairant vers Poix.

Les derrières sont assurés par le VIᵉ corps maintenu à Attigny avec la 5ᵉ division de cavalerie observant les débouchés de Reims.

Vous voyez que l'ensemble de ces mouvements allait avoir pour effet *de fermer trois côtés sur quatre de la souricière*, le côté nord se trouvant barré naturellement par la frontière belge. Restait donc comme unique porte de sortie celle de *l'ouest*, la nouvelle route de Sedan à Mézières par Vrigne-au-Bois et l'étroit défilé de la Falizette. Mais déjà, à 2 ou 3 kilomètres au sud de cette dernière ligne de retraite, les *corps de tête de la 3ᵉ armée, maîtres de quatre points de passage sur la Meuse, étaient à portée de se jeter dans le fl. g. des Français s'ils osaient tenter cette dernière fortune.*

Les choses en étaient là quand le lieutenant-colonel de Brandenstein, du G. É.-M., envoyé en reconnaissance sur Donchery, crut distinguer, dans la matinée du 31 août, des mouvements de colonne en retraite sur Mézières par la route Sedan—Vrigne-au-Bois.

Au reçu de ce renseignement, le 31 dans l'après-midi, le maréchal de Moltke prescrivait au commandant de la IIIe armée de jeter, *dans la nuit même*, les corps prussiens de première ligne (Ve et XIe) sur l'autre rive de la Meuse pour s'établir à cheval, le 1er septembre *de grand matin*, sur la seule ligne de retraite restant encore ouverte aux Français.

Au reçu de ces ordres, le Prince royal invitait les commandants des Ve et XIe corps à rompre de leurs cantonnements par alerte respectivement à *2 heures et 3 heures du matin* pour franchir la Meuse, le Ve au pont de bateaux de l'auberge de Condé, le XIe au pont de Donchery et s'élever ensuite dans la direction de Vrigne-aux-Bois.

En même temps (vous allez voir que la leçon de Stonne a porté ses fruits), le chef d'état-major Blumenthal estima que, pour enrayer la retraite éventuelle des Français sur Mézières et faciliter les mouvements des corps prussiens au nord de Donchery, il était essentiel de combiner cette opération avec une *puissante diversion* exécutée à l'est de Sedan.

Le Ier bavarois était donc invité par lui à s'engager de grand matin sur Bazeilles et à immobiliser les forces françaises de ce côté. En même temps le commandant de la IIIe armée sollicitait du Prince royal de Saxe une action énergique au *nord de Bazeilles.*

Le commandant de l'armée de la Meuse s'empressait de déférer à l'invitation du Prince royal de Prusse et prenait ses dispositions pour faire entrer en ligne, le 1er septembre au matin, le XIIe corps et la Garde sur la ligne la Moncelle—Givonne.

Ainsi donc, le 1er septembre au point du jour, les corps prussiens de la IIIe armée, à l'ouest de Sedan, le Ier bavarois et la IVe armée à l'est allaient constituer les deux mâchoires d'un puissant étau qui devait bientôt se refermer sur Sedan durant que le IIe bavarois, posté sur les hauteurs de la rive gauche, entre Donchery et Vadelincourt, allait assurer la soudure entre les deux branches de l'étau.

Pendant ce temps, que faisait l'armée française?

L'armée française, tel un vaisseau désemparé, était allée s'échouer dans les bas fonds de Sedan.

La retraite s'était effectuée, dans la nuit du 30 au 31, dans la plus grande confusion. Ducrot, Lebrun et de Failly par la rive droite, Douay par la rive gauche. Douay arrivait à Sedan amputé de la brigade Bordas. L'infortuné Bordas avait trouvé moyen de se perdre en route et ne rejoignit son corps d'armée que vingt-quatre heures plus tard, après une longue *odyssée* à travers tous les camps français.

Les intentions du maréchal? Ravitailler son armée en vivres et munitions. Et puis après? cherchera-t-il à percer sur Carignan, à retraiter sur Mézières, il n'en sait rien, tergiverse et ne donne aucun ordre ni dans un sens ni dans l'autre pendant toute la journée du 31. Comme *Wurmser, il ignore le prix du temps.*

Nombreux cependant sont les indices suspects, de nature à lui faire entrevoir que l'enveloppement dans toute sa hideur se dessine contre lui aux portes de Sedan. Les corps qui ont retraité par la rive droite de la Meuse ont été continuellement harcelés par la cavalerie. Lebrun, en suivant la route de Douzy à Bazeilles, a été canonné des hauteurs de la rive gauche par l'artillerie allemande, celle du Ier bavarois. Dans l'après-midi du 31 les vigies signalent du haut de la citadelle une longue traînée de poussière sur la route du Chesne à Donchery. Évidemment, une grosse colonne est en marche de ce côté. Sur le soir des habitants de Donchery accourent au quartier général, viennent rendre compte qu'une avant-garde allemande a fait irruption *vers 4 heures* à Donchery et a mis la main sur le pont.

Ce faisceau de nouvelles alarmantes va-t-il enfin inspirer une résolution virile au maréchal pour se dérober pendant la nuit à l'étreinte de l'ennemi?

Non, ses dispositions pour le 1er septembre se résument en une seule ligne :

« Demain repos pour toute l'armée. »

Quos vult perdere Jupiter dementat.

Cet aveuglement du maréchal est-il partagé par tout le haut commandement français?

Non pas certes. Jugez-en plutôt par cette conversation entre le Dr Sarrazin, médecin-chef du 1er corps, et le général Ducrot la veille de Sedan.

« Le Q. G. du 1er corps, rapporte le Dr Sarrazin, fut établi ce
« soir-là, 31 août, dans une petite maison de paysan, à peu près
« au centre du corps d'armée. A un moment donné, je me trouve
« seul avec Ducrot ; sa carte est déployée sur la table où nous
« avons dîné. Il l'étudie, il y fait des marques au crayon et pousse
« à plusieurs reprises des jurons. Il n'en a pas l'habitude, il faut
« qu'il soit bien ému. Jamais je ne l'ai vu aussi sombre. Cepen-
« dant je me hasarde à dire, sans m'adresser directement à lui :
« L'armée est pleine d'entrain, la voilà réunie autour d'une grande
« ville bien fortifiée, demain nous battrons les Prussiens. » Le
« général ne me répond pas et n'a pas l'air d'avoir entendu. Je
« continue : « Ce n'est pas dommage ; enfin notre tour est venu. »
« J'étais assis près du feu que je regardais attentivement, quand
« je sentis une main sur mon épaule. « Mais, mon pauvre Docteur,
« vous n'y entendez rien ; nous sommes dans un pot de chambre
« et nous y serons emm..... Tenez, voilà où nous sommes, voilà
« Sedan et voilà où est l'armée prussienne aujourd'hui ; demain
« elle sera là, là, là », et il me montre un fer à cheval qu'il a
dessiné sur sa carte autour de Sedan. »

*Alors que dans son obstination aveugle le commandant de l'ar-
mée de Châlons ne veut pas soupçonner l'encerclement qui le me-
nace, il a disposé ses troupes comme s'il était décidé d'avance à le
subir.*

Le 31 août au soir, l'armée française constituait avec les
poitrines de ses soldats une *forteresse factice* à tracé triangulaire
dont les ravins de Floing, Givonne et la Meuse formaient les
fossés.

La face est du triangle était occupée par les 12e et 1er corps.
Le 12e corps occupait Bazeilles avec une brigade de la division
Vassoigne (brigade Martin des Pallières), l'autre brigade en
réserve derrière Balan. A gauche de la division Vassoigne, la
division Lacretelle s'étalait sur les crêtes de la rive gauche de
la Givonne jusqu'à hauteur de Daigny. La division Granchamp
en seconde ligne derrière la division Lacretelle.

Le 1er corps avait développé deux divisions à gauche du 12e,
savoir : la division Lartigue, sur la crête depuis Daigny jusqu'à

hauteur d'Haybes. La division Wolff de Givonne à la Foulerie. En deuxième ligne se tenaient les divisions L'Hériller et Pellé ainsi que la division de cavalerie Michel.

Sur la face nord-ouest du triangle le 7e corps garnissait la longue croupe qui s'étend du calvaire d'Illy à Gaulier. Il avait en première ligne, à droite la division Dumont, à gauche la division Liébert. En deuxième ligne la division Conseil Dumesnil et la cavalerie Ameil.

La face ouest du triangle était constituée par la brigade Guiomar du 7e corps en potence derrière la Meuse entre Floing et Cazal. La place de Sedan comblait sur cette face le reste de l'intervalle entre le 12e et le 7e corps. Les débris du 5e corps, le vaincu de Beaumont, étaient en réserve au Vieux Camp. Les cavaleries Bonnemain et Marguerite bivouaquaient au calvaire d'Illy.

En résumé, c'est la prise de position en ordre linéaire sur de belles hauteurs bien en vue, à la manière autrichienne du dix-huitième siècle.

Ces procédés tactiques, les guerres du plus grand des capitaines en avaient déjà fait justice; mais les progrès de l'armement les ont rendus bien plus condamnables encore. C'est qu'en effet, il y a deux siècles le tir de l'artillerie ne peut s'exercer encore efficacement de crête à crête, en raison des distances moyennes qui les séparent. Ici, au contraire, les dispositifs de revue adoptés par les Français sont une cible tout indiquée pour les artilleries allemandes qui vont se déployer sur les crêtes à l'est de Saint-Menges et de la Givonne.

Comme corollaire, méconnaissance à tous les échelons de la valeur d'un point d'appui. Sous prétexte que les villages des fonds de la vallée n'ont que des horizons limités, on omet d'occuper sérieusement La Moncelle, Daigny, Givonne. Le général Douay, qui a négligé de mettre un *verrou* à l'unique porte de sortie sur Mézières (La Falizette), se hâte de rappeler les bataillons « *aventurés* » tout d'abord jusqu'à Saint-Menges.

Bref, on oublie :

1° L'impuissance du canon de l'adversaire contre ces points d'appui en angle mort par rapport aux positions d'artillerie imposées par le terrain;

2º L'avantage pour l'infanterie à n'avoir qu'un champ de tir limité à 600 ou 800 mètres, toute tirerie au delà de cette distance aboutissant généralement à un gaspillage de munitions hors de proportions avec les résultats obtenus (1).

En résumé, l'armée française *disposée comme en vue de l'enveloppement* est dans les *conditions tactiques les plus médiocres pour offrir l'ultime résistance susceptible de sauver l'honneur des armes.*

Les ordres donnés respectivement, comme vous l'avez vu, aux IIIᵉ et IVᵉ armées allemandes allaient faire deux phases de la bataille du 1ᵉʳ septembre :

1º L'*immobilisation* sur le front est par le Iᵉʳ bavarois et l'armée de la Meuse;

2º L'*investissement* par la IIIᵉ armée.

Nous allons les examiner successivement.

BATAILLE DE SEDAN

I — Engagement d'usure.

Engagement du Iᵉʳ bavarois. — Invité par le Prince royal à accrocher énergiquement l'adversaire et à lier ses opérations à droite avec l'armée de la Meuse, le général de Thann se décidait à faire irruption dans Bazeilles, le 1ᵉʳ septembre au *petit jour.*

L'opération semblait ne présenter *a priori* que peu de difficultés, à en juger par la faible résistance rencontrée la veille par le 4ᵉ bataillon de chasseurs bavarois, lorsque, après s'être saisi du pont, quelques-unes de ses compagnies avaient pu prendre pied un instant dans Bazeilles.

En fait, cette première tentative avait eu, au contraire, pour résultat de *donner l'éveil aux Français* et d'amener ceux-ci à organiser défensivement l'intérieur de Bazeilles, malgré la répugnance instinctive que leur inspiraient les points d'appui en

---

(1) Il s'agit bien entendu du chassepot.

général. Les affaires des Bavarois ne devaient pas aller toutes seules au début... bien loin de là.

Quoi qu'il en soit, le 1er septembre, à 4 heures du matin, deux colonnes formées d'éléments de la 1re division traversaient simultanément la Meuse, favorisées par un épais brouillard, l'une au viaduc, l'autre au pont de bateaux jeté à hauteur d'Aillicourt.

La seule inspection de la carte montre que, la colonne de droite ayant un chemin plus long à parcourir, les deux attaques ne devaient pas être simultanées et que la colonne du viaduc allait supporter seule tout le poids de la lutte. Cette colonne du viaduc (7 compagnies), aux ordres du major Sauer, pénètre dans le village sans coup férir (les Français n'avaient pas d'avant-postes sur la périphérie), mais, arrivée dans la grande rue, elle se heurte à une série de barricades. Assaillie par des feux partant de tous côtés, la compagnie de chasseurs, qui tient la tête, est d'abord rejetée dans les rues latérales.

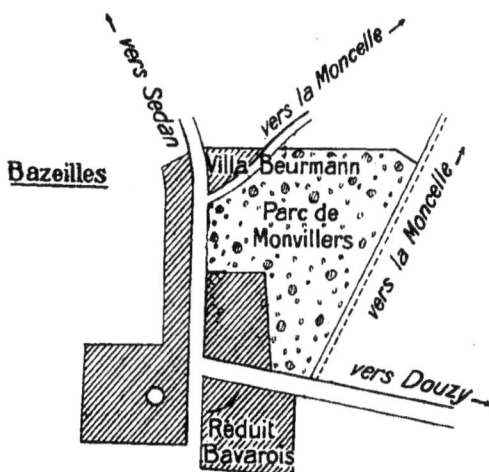

Néanmoins, après un combat acharné de maison en maison, les troupes du major Sauer parviennent jusqu'à la partie nord du village, mais alors tous leurs efforts échouent devant la villa Beurmann, *réduit de la défense*.

La villa Beurmann, vaste habitation avec jardin en terrasse, occupe une situation exceptionnelle à l'angle des routes de Bazeilles à La Moncelle et Balan. Ses défenseurs peuvent enfiler de leur feu la grande route de Bazeilles et en même temps battre l'intérieur du parc de Monvillers par-dessus la route de La Moncelle et l'enceinte ouest du parc composée d'un simple grillage précédé d'un fossé.

Disons de suite que cette disposition des lieux allait amener l'échec, non seulement de la colonne Sauer, mais encore de toutes les fractions amenées par de Thann jusqu'à midi.

Quand, en effet, l'arrivée successive des renforts permit de donner à la ligne de combat plus de développement, les troupes bavaroises, pénétrant dans le parc de Monvillers, tentèrent bien de déborder la villa Beurmann par l'ouest, mais, obligées de progresser dans l'intérieur du parc sous le feu de l'ennemi, leurs *efforts vinrent finalement se briser contre la haie d'enceinte qui constituait un obstacle passif des plus sérieux...*

Pour en revenir à la colonne du viaduc, ses unités, complètement mélangées, combattaient tant bien que mal autour de · la villa lorsque, à son tour, la colonne des ponts de bateaux (6 bataillons). aux ordres du général de Stephan, entre en scène par la route de Douzy. En pénétrant dans Bazeilles, le général de Stephan jette sur sa droite un bataillon dans le but fort louable d'esquisser une manœuvre débordante par l'est. Mais ce bataillon se heurte à l'enceinte est de Monvillers, constituée de ce côté non par un grillage mais par un mur de clôture assez élevé; il longe cette *interminable lisière,* ce qui l'amène jusqu'à La Moncelle où il se mélange aux unités saxonnes déjà engagées en ce point, sans avoir pu arriver à déborder.

Le reste de la colonne Stephan était déjà enfourné en entier dans la grande rue du village quand elle est prise dans un remous occasionné par le reflux général des troupes de la colonne Sauer; celle-ci venait d'être chassée des abords de la villa Beurmann par une contre-attaque française.

Les Bavarois parviennent néanmoins à se *cramponner* à une maison d'angle au *coude de la route de Douzy.* Cette maison va jouer, à l'extrémité sud de l'artère centrale, le même rôle que la villa Beurmann à l'extrémité nord.

De 7 heures à midi, les *vagues de troupes françaises et allemandes* vont venir tour à tour se *briser* contre les *deux récifs,* sans aucun avantage marqué de part et d'autre, en dépit des renforts jetés des deux côtés dans la fournaise.

Successivement de Thann va faire passer la Meuse aux quatre brigades de son corps d'armée et les amener au blanc du feu. Les Français vont jeter dans le village les brigades Reboul et Carteret Trecourt. La lutte pour la possession de Bazeilles restera discutée jusqu'à midi, malgré qu'elle ait absorbé en tout l'infanterie d'un corps d'armée et demi.

Et si vers midi nous voyons les Bavarois maîtres enfin de ce point d'appui, sa chute n'est nullement due à la dépense d'effectifs faite par de Thann, mais par les progrès du corps saxon partant de La Moncelle vers la cote 212 sur les derrières de la villa Beurmann.

A Bazeilles, Messieurs, vous voyez se reproduire l'éternelle histoire des combats de bois et de localités, toutes les fois, — et elles sont fréquentes, — où les deux adversaires n'ont pu ou voulu recourir à la manœuvre extérieure débordante pour solutionner la question. Attraction du couvert. Mélange des unités. Impossibilité d'assurer la direction. Impuissance des gros effectifs en présence des petits et finalement absence de résultats décisifs de part et d'autre.

Pendant que les troupes de Lebrun et de Thann se débattaient péniblement dans Bazeilles, l'armée de la Meuse : XIIe corps et Garde, faisait son apparition sur la Givonne.

Engagement du XIIe saxon à la Moncelle. — Conformément aux ordres du commandant de l'armée de la Meuse, le XIIe corps débouchait de Douzy à 5 heures du matin, marchant sur La Moncelle par le Rulle et Lamécourt.

Son avant-garde était constituée par la 48e brigade, une seule batterie et un escadron de cavalerie. A droite, le 13e bataillon de chasseurs progressant par les bois Chevalier constitue un détachement de flanc destiné à assurer la liaison avec le corps de la Garde. La cavalerie rendait bientôt compte que La Moncelle n'était occupée que par des patrouilles ennemies... des *fricoteurs* probablement...

Le général de Schulz, commandant l'avant-garde, prescrivait au 107e d'occuper La Moncelle, au 105e de garnir les crêtes est de Daigny.

Le 107ᵉ occupe La Moncelle presque sans coup férir et s'y installe, puis « en vertu de la vitesse acquise », deux compagnies de ce régiment, aux ordres du lieutenant de Legler et du capitaine de Beulvitz, dépassent La Platinerie, parviennent à déloger les tirailleurs français de deux maisons situées à mi-pente sur la route de Balan et s'y maintiendront seules, de 7 heures à 11 heures, à la barbe des régiments français postés sur la crête, impuissants à les en chasser.

Le geste des deux commandants de compagnies saxonnes eût été, vous n'en doutez pas, sûrement traité d'invraisemblable par les arbitres aux manœuvres d'automne. Ses auteurs eussent, *illico*, encouru la peine de la neutralisation. Et pourtant ce geste a eu, sous les balles, la sanction du succès. L'acte en lui-même était-il d'ailleurs si illogique?

En se jetant ainsi dans les maisons à mi-pente, ces deux officiers subalternes montraient d'instinct à toute leur brigade le chemin à suivre pour amener la chute de ce Bazeilles où crépitait depuis deux heures la plus effroyable des fusillades. Une fois cramponnés désespérément dans leur point d'appui, en état d'*équilibre instable*, il fallut bien leur porter secours, et ce sont les efforts faits dans ce but, de 9 heures à midi, par les renforts saxons partant de La Moncelle qui les amenèrent, vers *11 heures*, sur la crête 212-194, entraînant ainsi l'évacuation de la villa Beurmann par ses défenseurs *menacés dans leur ligne de retraite*.

La manœuvre débordante esquissée d'abord par deux compagnies saxonnes allait donc faire plus pour la chute de Bazeilles que tout le gaspillage d'infanterie bavaroise dans les rues du village.

Néanmoins, au moment où nous sommes, c'est-à-dire vers 7 heures, il ne pouvait être question encore d'un débouché de troupes fraîches au delà de la Moncelle.

Le gros du XIIᵉ corps était très en arrière; l'artillerie devançant la colonne commençait seulement à garnir la longue crête à l'est, à cheval sur le chemin de Lamécourt. Le 107ᵉ était absorbé par la défense de La Moncelle. Le 105ᵉ, établi sur les crêtes à l'est de Daigny, le long du chemin de Villers-Cernay, et dans un petit bois carré contigu à la route, allait avoir à repousser une vigoureuse contre-attaque d'une partie des troupes du 1er corps.

A quelle idée répondait cette contre-attaque?

Elle était, Messieurs, le *prélude* des dispositions nouvelles adoptées par le général Ducrot, auquel venait d'échoir le commandement en chef. En effet, le maréchal de Mac-Mahon, appelé sur les hauteurs à l'ouest de La Moncelle par l'engagement de Bazeilles, était blessé, entre 6 heures et 7 heures du matin, par un obus lancé par la batterie saxonne d'avant-garde.

Se sentant incapable de conserver la direction suprême, il chargeait un officier d'état-major, le capitaine Kessler (1), d'aller remettre le commandement en chef au général Ducrot, considéré par lui comme le plus digne.

Vous savez déjà l'idée que Ducrot se faisait de la situation; aussi sa décision fut prise immédiatement : se *dérober* à l'*étreinte* en retraitant sur Mézières; dans ce but, concentrer tout d'abord l'armée au calvaire d'Illy en se donnant de l'air sur l'autre rive de la Givonne par un vigoureux coup de poing donné par la brigade Fraboulet de Kerléadec de son corps d'armée.

Si la résolution adoptée par le général Ducrot était évidemment la seule à prendre, les moyens qu'il prescrivit pour l'exécution n'en restent pas moins *discutables*.

L'idée du coup de poing sur la rive gauche de la Givonne était fort admissible, mais il y avait quelque chose de bien plus urgent encore, *c'était d'envoyer immédiatement une tête de pont mobile au delà du goulot de la Falizette.*

Or, jusqu'à 9 heures, moment où le commandement allait passer dans une troisième main, celle du général de Wimpffen, le corps Douay, seul indiqué pour fournir le détachement de la Falizette, n'avait reçu aucun ordre dans ce sens.

Si donc le général Ducrot avait conservé la direction suprême, son mouvement de retraite à partir d'Illy, c'est-à-dire vers 9 heures, se fut heurté certainement aux premiers éléments du XIe corps qui filtraient depuis 8 heures par le goulot libre de la Falizette et commençaient à dessiner l'*investissement par l'est* sur les crêtes Fleigneux—Saint-Menges.

---

(1) Futur commandant du 6e corps où il a laissé un impérissable souvenir.

Néanmoins, grâce à la supériorité numérique momentanément acquise sur ce point du champ de bataille, tout porte à croire qu'on pouvait se faire jour encore dans la direction de Mézières par les sentiers des Ardennes et en écornant au besoin la neutralité de la Belgique, quitte à s'en expliquer ultérieurement avec le roi Léopold...

En un mot, la retraite eût été difficile, désastreuse même, mais on échappait à la honte de la capitulation.

Que dire, par contre, de la folle présomption du général de Wimpffen, qui, débarqué la veille de Paris, ignorant tout de la situation matérielle et morale de l'armée, des emplacements de l'ennemi, n'hésita pas néanmoins, deux heures après, à revendiquer le commandement, comme le plus ancien, à contremander les ordres du général Ducrot déjà en pleine voie d'exécution et à s'obstiner, jusqu'à 5 heures du soir, dans l'idée inconsciente d'une percée vers Carignan, qui, même si elle eût momentanément réussi, ne faisait que reculer d'un jour la débâcle.

Quoi qu'il en soit, les troupes chargées par le général Ducrot de donner la *bourrade* sur la rive gauche de la Givonne traversaient la vallée entre 7 et 8 heures : elles comprenaient un bataillon de turcos suivi de la brigade d'infanterie Fraboulet de Kerléadec (56e et 3e zouaves). La brigade se déploie sur une seule ligne, à l'est de Daigny, face au 105e saxon. C'est le combat *parallèle* sans aucune espèce d'idée de *manœuvre*. Toutes les tentatives des zouaves et du 56e se brisent contre le *feu des Saxons cramponnés* autour du *bois carré*.

Vers 8 heures, les Saxons ont épuisé toutes leurs munitions et n'ont plus que l'arme blanche pour résister à un ultime effort des Français, quand le 13e bataillon de chasseurs, le détachement de liaison avec la Garde, débouche brusquement en formation dense, du bois Chevalier comme le 2 et tombe dans le fl. g. des zouaves.

Cette apparition subite produit l'effet que produira toujours l'intervention d'une troupe fraîche, si faible que soit son effectif, dans un combat balancé; *la ligne française s'écroule comme un capucin de carte et est précipitée dans Daigny, laissant trois canons entre les mains des Allemands.*

Entre 9 heures et 10 heures Daigny tombe entre les mains

des Saxons, mais les engagements ont usé les unités d'avant-garde. Il faut attendre l'arrivée de nouvelles troupes fraîches pour porter le combat sur les crêtes de la rive droite.

Enfin, vers 11 heures, l'afflux des renforts va permettre à la ligne saxonne de secourir les deux vaillants cramponnés à mi-pente dans les maisons isolées et de s'élever jusqu'à la cote 234, rejetant la division Lacretelle sur Balan. Du coup Bazeilles tombait comme un fruit mûr. Vers midi le village est en flammes... je vous passe sous silence les atrocités qu'y commirent les Bavarois.

Engagement de la Garde sur la haute Givonne. — Pendant que le corps saxon, engagé à plein collier, livrait les combats que je viens de vous tracer, la 1re division de la Garde, débouchant par Villers-Cernay sur Givonne, allait compléter l'œuvre d'immobilisation sur le front est.

La Garde avait été quinze jours auparavant fortement étrillée à Saint-Privat pour s'être portée à l'attaque d'un adversaire encore frais, dans des formations vicieuses sans préparation préalable par l'artillerie.

La leçon avait porté ses fruits.

Les dispositions prises ici le prouvent surabondamment. De quoi s'agissait-il pour l'avant-garde de la 1re division?

1o De reconnaître l'ennemi dans la zone d'action réservée au corps d'armée;

2o De couvrir le déploiement de l'artillerie.

Comme conséquence : mettre la main sur les points d'appui de la vallée : Haybes et Givonne, s'engager sur un large front en se soustrayant, autant que possible, aux vues et aux coups des troupes du 1er corps français dont les formations se dessinent en ordre compact sur la rive gauche de la Givonne.

L'avant-garde, forte de quatre bataillons, va donc se subdiviser en deux antennes. Celle de gauche (2 bataillons) file sur Haybes en longeant le rideau boisé que le bois de Villers-Cernay projette sur le village. Celle de droite (1 bataillon) traverse en courant les pentes dénudées qui tombent sur Givonne.

Le flanc droit est couvert par le régiment de hussards, appuyé d'une compagnie d'infanterie poussée vers La Chapelle. Ce déploiement d'avant-garde peut être considéré comme un modèle du genre. Son chef a engagé ce qu'il fallait dans de bonnes conditions, rien que ce qu'il fallait pour enlever Haybes et Givonne. Le combat, par la suite, deviendra traînant, *non parce que les unités engagées auront été refrénées dans leur ardeur*, mais parce que le dosage de ces unités a été calculé de telle sorte qu'une fois le premier résultat obtenu : prise des points d'appui de la vallée, elles ne puissent aller au delà, ce qui serait outrepasser le rôle de l'avant-garde tant que *l'œuvre de l'artillerie n'aura pas été accomplie* (1).

L'artillerie n'allait d'ailleurs pas tarder à se faire entendre. Le colonel de Bricheblerg, commandant l'Abtheilung monté de la 1re division, marchait d'après les ordres de mouvement au gros de la colonne. Arrivé à l'entrée de Villers-Cernay, l'encombrement des rues lui interdit de doubler la colonne. Impatient de faire parler ses canons, il contourne le village au nord, franchit, non sans peine, le ravin de Rubécourt, traverse une éclaircie dans la partie nord des bois de Villers-Cernay et vient mettre en batterie, à 8h 45, à la lisière ouest de ces bois. Il ouvrait aussitôt après le feu sur les troupes ennemies de la rive opposée de la Givonne. Il est progressivement prolongé à droite et à gauche par l'artillerie de corps et celle de la 2e division ; entre 9 et 10 heures toute l'artillerie de la Garde est en action.

Pendant ce temps les gros d'infanterie se rassemblent dans le bois de Villers-Cernay (1re division), à la corne du bois Chevalier (2e division). La leçon du glacis de Saint-Privat a, comme vous le voyez, profité au commandant de la Garde... Il attend que la poire soit mûre avant de lancer ses colonnes d'attaque sur la rive droite de la Givonne.

Néanmoins, il n'est pas encore midi que sur tout le front de la IVe armée, de Givonne à Bazeilles, l'œuvre d'immobilisation est accomplie, les 1er et 12e corps français, usés par les premières attaques des avant-gardes, sont rivés au sol par le feu d'une artillerie supérieure. Le général de Wimpffen, en contremandant, à 9 heures, les ordres de Ducrot, a laissé passer les instants

---

(1) En règle générale, la ligne de combat doit forcer, en attaquant, l'ennemi à se montrer et à dévoiler sa présence à notre artillerie... ici c'est inutile... les Français s'étalent bénévolement sur les crêtes.

fugitifs où il était encore possible de se décrocher; il a aggravé encore la situation en amenant, par ses contre-ordres, des promenades incessantes d'unités sur les crêtes à bonne portée de la formidable ligne d'artillerie établie sur les crêtes de la rive gauche.

Les corps prussiens de la IIIe armée peuvent, en tout loisir, fermer la trappe à l'ouest sur l'armée française de l'autre côté de Sedan, plus un élément ne pourra s'échapper.

II — L'investissement par la IIIe armée.

Les deux corps prussiens de la IIIe armée (V^e et XIe corps) avaient reçu mission, nous l'avons déjà vu, de franchir de grand matin la Meuse à Donchery et au pont de bateaux près de l'auberge de Condé pour intercepter la route de Sedan à Mézières par Vrigne-aux-Bois.

En même temps, la division wurtembergeoise, continuant sa mission de fl. g. du côté de Mézières, allait passer la Meuse à Dom-le-Mesnil et s'établir face à cette place vers Vivier-au-Court pour empêcher toute intervention du corps Vinoy.

Vers 5^h 30, les corps prussiens avaient franchi la Meuse. Le XIe corps se portait immédiatement vers le nord en trois colonnes :

Colonne de droite : 87e et 1 batterie légère par Montimont;

Colonne du centre : 42e, 44e brigade et artillerie de corps par Briancourt;

Colonne de gauche : 43e brigade par Vrigne-au-Bois.

Cette colonne est aux ordres du héros de Wœrth, le général de Schkopp.

Le Ve corps marchait à même hauteur sur une seule colonne dans la direction de Vivier-au-Court.

Vers 7 heures, les pointes de cavalerie avaient déjà atteint la route de Sedan-Mézières sans rien rencontrer ; la canonnade redoublait de violence du côté de la Givonne, il devenait manifeste que la bataille allait être autour de Sedan ou à l'est. De son poste de commandement de la Croix-Piot, le commandant de la IIIe armée expédiait, vers 7 heures, l'ordre à toutes les têtes de colonne de se rabattre par un à droite dans la direction du canon.

L'opération ne laissait pas d'être assez complexe pour les colonnes allemandes qui se heurtaient au double obstacle de la
presqu'île d'Iges, prolongée au nord par la forêt des Ardennes,
obstacle *franchissable seulement au défilé de la Falizette* que suit
la route de Sedan à Vrigne-au-Bois. Tous les éléments des
XIe et Ve corps durent donc s'écouler. successivement par cet
unique goulot en colonne par quatre.

Cette conversion vers l'est devait amener normalement les
trois colonnes du XIe corps au débouché de Saint-Albert avant
les premiers éléments du Ve.

En fait, les choses ne se passèrent pas tout à fait ainsi.

La colonne de gauche du XIe corps venait de pénétrer dans
Vrigne-au-Bois quand son chef, le général de Schkopp était
mandé près du commandant de corps d'armée, général de
Gœrsdorff, pour se concerter avec lui au sujet des nouvelles
dispositions à prendre. Il abandonnait momentanément le commandement au colonel de Kontzky en lui prescrivant de prendre
la direction de Saint-Menges. Celui-ci, on ne sait trop pourquoi,
au lieu de suivre simplement la route qui mène à la Falizette,
s'engage dans le massif boisé de Briancourt où toute la colonne
s'empêtre pour ne déboucher que vers *11 heures* à la maison
Rouge. Là elle se trouvait coupée par le Ve corps qui, de Vrigne-
au-Bois, avait marché sur les traces de la colonne du centre du
XIe corps.

L'historique allemand ne mentionne pas l'impression pénible
ressentie à coup sûr par le bouillant de Schkopp lorsque, rejoi-
gnant ses troupes, il les vit aiguiller dans une fausse direction.

Sans doute de Kontsky, l'auteur responsable de l'erreur, en
subit-il à ce moment les effets, mais l'homme d'action qu'est
de Schkopp ne s'attarde pas longtemps en *récriminations* et
cherche immédiatement le remède. Le Ve corps vient de lui
couper la route, il se glissera avec ses troupes jusqu'à Saint-
Albert en suivant l'étroite prairie (1) qui borde la Meuse et sera
ainsi en mesure d'apparaître pour y faire la sensationnelle entrée
en scène que vous verrez tout à l'heure.

---

(1) Large de 50 mètres à peine.

Pour le moment, il nous faut revenir à 8 heures, moment
où les premiers éléments du XIe corps débouchent de Saint-
Albert.

Les mouvements de terrain qui s'étendent des deux côtés de
la route Illy—Floing sont de forme à peu près symétrique par
rapport à cette route. La façon dont les deux armées, établies
face à face, comprennent chacune l'occupation de deux terrains
semblables, suffit pour faire ressortir les différences essentielles
qui caractérisent leurs doctrines respectives.

Les Français s'étalent linéairement et uniformément sur les
deux croupes dénudées qui, d'Illy, tombent à l'est et au sud
de Floing. Les bois qui s'étendent d'Illy à Fleigneux ne sont
même pas surveillés.

Chez les Allemands la conception est toute différente : l'infanterie évitera avec soin, au début, de servir de cible. Elle va
courir immédiatement au point d'appui : le parc Labrosse
(cote 260) à droite, Fleigneux à gauche.

N'est-il pas d'ailleurs urgent d'assurer solidement, avant tout,
les flancs de la grande ligne d'artillerie qui va se déployer progressivement sur ces crêtes et que la puissance de son feu rendra
inabordable de front.

Pour ces motifs, nous voyons le 1er régiment qui débouche (87e)
se subdiviser à Saint-Menges en deux fractions, l'une, la plus
forte, est dirigée sur Fleigneux, l'autre monte au parc Labrosse.
Mais l'artillerie qui a doublé les colonnes et pris le trot arrivera
encore la première sous la seule escorte de quatre escadrons de
hussards; successivement toutes les batteries du XIe corps viennent jalonner la croupe 260-229.

Au début cette longue ligne de feu, qui vient de se dévoiler
aux Français, aura son fl. g. très en l'air. Les fractions d'infanterie, poussées sur Fleigneux, n'ont pu encore arriver à pied
d'œuvre.

Quel beau coup de main à faire sur ces batteries par les divisions de cavalerie Bonnemain et Marguerite qui se trouvaient
là tout à portée, inactives, la bride au bras, au calvaire d'Illy.
Il suffisait de manœuvrer par la lisière des bois, de contourner
Fleigneux par le nord, puis, d'un temps de galop, balayer la
croupe du nord au sud...

Saisir au vol les occasions fugitives, n'est-ce pas l'essence même du chef de cavalerie...

Comment ne pas déplorer doublement cette inaction de la matinée, quand on songe au gaspillage de cavalerie fait en fin de journée sans autre but que celui, d'ailleurs fort louable, de sauver l'honneur des armes.

Les Allemands, eux, sentaient bien tout le parti que nous pouvions tirer de cette situation aventurée de leur artillerie. C'est ce qui explique, sans la justifier complètement, la hâte fébrile avec laquelle nous voyons l'état-major du XIe corps *rompre les liens tactiques en scindant les régiments*, au fur et à mesure de leur débouché, pour en expédier moitié sur Fleigneux, moitié sur le parc Labrosse.

Successivement le 88e, le 82e, le 80e, le 11e bataillon de chasseurs sont ainsi coupés en deux après le 87e.

Quand les deux ailes du déploiement se furent ainsi renforcées progressivement, les groupes tactiques qui les constituaient sentirent immédiatement que leur rôle était essentiellement actif et ne devait pas se borner à l'occupation pure et simple des points d'appui. Il fallait immobiliser l'adversaire et pour cela l'attaquer. Aussi voyons-nous, presque simultanément, des mouvements offensifs se dessiner à partir de 11 heures tant sur Floing que vers les hauteurs d'Illy.

Cependant le Ve corps faisait, à son tour, son apparition sur le champ de bataille. Toutes les batteries de ce corps d'armée, poussées en avant, vont se déployer sur la crête 264 sud de Fleigneux en échelon avancé par rapport à celles du XIe corps.

Tranquille pour le fl. g. de ses batteries, assuré par le XIe corps, le général de Kirchbach rassemble son corps d'armée en deuxième ligne au nord de Saint-Menges.

Vers midi, Floing tombe entre les mains des Allemands. Peu après, vers midi et demi, le général de Gœrsdorff, commandant le XIe corps, qui s'était avancé jusqu'à la lisière orientale du parc pour observer la situation, était frappé mortellement d'une balle.

A ce moment se produit l'accalmie relative qui se rencontre sur les champs de bataille, lorsque s'achève l'œuvre d'usure et que l'assaillant prépare ses réserves pour l'événement final. Tout le Ve corps est disponible pour amener la rupture d'équilibre sur le front est.

Mais de Schkopp va s'en charger à lui seul.

Nous avons laissé le commandant de la 22e division au moment où il faisait son apparition à hauteur de Saint-Albert, après s'être frayé, non sans peine, un passage le long de la Meuse avec la colonne de gauche du XIe corps.

Arrivé là que voit-il?

L'artillerie de son corps d'armée crible d'obus les hauteurs au nord de Floing; des contingents français, chassés de Floing, refluent sur les pentes en arrière.

Tout indique que la poire est mûre. La position ennemie apparaît très nette : *son fl. g. est vers Gautier.*

L'occasion n'est-elle pas tentante pour de Schkopp de rééditer, contre l'aile gauche ennemie, le coup qui lui a si bien réussi contre son aile droite à la bataille de Wœrth?

Ce jour-là le fougueux général débouchait dans des conditions analogues sur le théâtre de la lutte quand il vit l'action chaudement engagée sur la rive droite de la Sauer. Estimant qu'une manœuvre débordante par Durrenbach sur Morsbronn permettrait seule d'avoir raison des Français, il n'hésita pas à l'entamer *immédiatement*, malgré l'ordre formel de son divisionnaire, général de Gœrsdorff, de rester en réserve sur la rive gauche de la Sauer derrière Gunstat.

Cette désobéissance, difficilement excusable au point de vue de la discipline, avait eu néanmoins les plus heureux résultats pour les Allemands. De Schkopp, en enfonçant l'aile droite, avait assuré le gain de la bataille de Wœrth.

Voilà qu'un mois après la même occasion se représente. Cette fois de Schkopp commande la 22e division, mais de Gœrsdorff est à la tête du corps d'armée. A peine l'ardent divisionnaire s'est-il montré sur le champ de bataille, qu'il reçoit cette fois encore du timoré Gœrsdorff l'ordre d'aller s'établir en réserve derrière le parc Labrosse. Mais le souvenir de Wœrth est trop récent pour que le sous-ordre ne soit pas tenté de rééditer une désobéissance qui lui a si bien réussi une première fois.

Toujours comme à Wœrth et pour paraître déférer aux injonctions de son supérieur, il lui expédiera deux bataillons au parc

Labrosse; avec le reste de sa brigade, disposée sur deux lignes, il constituera une masse d'attaque pour filer le long de la Meuse et se rabattre, par un à-gauche, sur les hauteurs de Gaulier.

Certes, vu des prairies de la Meuse, le morceau semble dur à avaler, mais les coteaux de Wœrth étaient aussi imposants et ce sont ces mêmes troupes qui cheminent derrière de Schkopp qui en ont eu déjà raison.

Une fois la décision prise, la 43e brigade s'est avancée irrévocablement et sans arrière-pensée. La vue de cette troupe fraîche produit l'effet d'un aimant attractif sur les contingents allemands qui combattent péniblement à Floing et environs et c'est, dit l'Historique allemand, grossie d'une foule d'isolés qu'elle aborde les pentes de Gaulier. L'ascension en est pénible surtout à cause de leur raideur et des obstacles dont est parsemé le terrain. Mais l'angle mort est considérable (tout comme au Rotherberg) et si la brigade se fond progressivement en une épaisse chaîne de tirailleurs, c'est qu'elle a été désunie par les difficultés de la marche plutôt que désorganisée par le feu. Vers 1 heure les tirailleurs atteignent la crête militaire. Or, une heure avant, la brigade en colonne de route arrivait à peine à Saint-Albert, distant de 3 kilomètres de là.

De Schkopp, on le voit, n'a pas perdu son temps!

L'apparition des tirailleurs de la 43e brigade sur les hauteurs de Gaulier a coïncidé avec une poussée générale en avant sur tout le front est.

A droite, les *contingents du XIe corps* débouchant de Floing commencent à monter, de gradins en gradins, vers le sommet des pentes.

Au centre, Kirchbach fait traverser à toute une brigade la grande ligne d'artillerie pour opérer la soudure entre les deux grands groupes tactiques de Floing et Fleigneux.

A gauche, les contingents partis de Fleigneux ont progressé par la lisière des bois, mis la main sur Illy, chassé les Français du Calvaire et pénétré même un instant à la corne nord du bois de la Garenne où ils ont fait de *nombreux prisonniers*. Ramenés ensuite sur le Calvaire par un retour offensif des Français, ils sont suivis, dit la relation allemande, docilement de leurs prisonniers qui ne cherchent même pas à s'échapper (I).

Bref, le cercle va sans cesse se rétrécissant autour du malheureux général Douay. La terrible canonnade des Ve et XIe corps, qui croisent leurs feux avec ceux de la Garde, labourant dans tous les sens le plateau de la Garenne, commence à provoquer des paniques partielles dans le 7e corps français.

Le général Douay n'a plus de réserves d'infanterie, elles lui ont été enlevées par le général de Wimpffen pour participer à la folle tentative de reprise de Bazeilles en vue d'une percée sur Carignan.

Pour sauver l'honneur des armes, on va tenter une charge désespérée de cavalerie dans la direction de Floing et Gaulier...

La division Margueritte débouche des bois de la Garenne avec ses régiments de cavalerie légère. Elle est rejointe par la brigade de lanciers Savaresse, du 12e corps, et plusieurs escadrons de la division Bonnemain.

Ces masses commençaient à peine à traverser le plateau que le général Margueritte est blessé. Le général de Galliffet lui succède. La charge va s'exécuter dans des conditions les plus défectueuses. Marche d'approche à découvert sous le feu des batteries allemandes. Terrain d'abordage à pentes raides semées d'obstacles et complètement battu par l'artillerie allemande.

La confusion était déjà d'ailleurs trop grande dans les rangs français pour ne pas se manifester dans les charges qu'allait effectuer la cavalerie.

L'Historique allemand reconnaît lui-même qu'il est impossible de reproduire, dans tous ses détails, la tumultueuse mêlée qui, pendant une demi-heure, tourbillonna sur le plateau.

Néanmoins cette attaque semble pouvoir se décomposer en deux grands efforts dirigés le premier contre les troupes de de Schkopp, le second contre les contingents débouchant de Floing.

Pour la seconde fois dans cette campagne de Schkopp pouvait revendiquer l'honneur de provoquer une hécatombe de cavalerie française. C'est lui qui avait reçu le choc des cuirassiers Michel à Reichshoffen. Ce sont ses troupes encore qui vont s'opposer à la chevauchée de Galliffet.

Tout d'abord les lignes de tirailleurs de la 43e brigade, assaillies par des tourbillons de chasseurs et de cuirassiers, sont enfoncées de plusieurs côtés, mais les soutiens par un feu à volonté brisent l'élan des cavaliers dont beaucoup sont précipités le long des rapides talus du plateau.

Deux escadrons de cuirassiers arrivent même à se faire jour à travers toute la 43e brigade, traversant Gaulier, dépassant Floing, leurs débris épuisés vont jeter le désordre jusqu'à Saint-Albert dans les convois prussiens où ils succombent épuisés sous les coups de l'escorte de ces convois.

Les lanciers de la brigade Savaresse se sont jetés sur les contingents qui sortent de Floing, mais leur héroïsme est impuissant contre les tirailleurs allemands embusqués derrière les haies et les clôtures qui marquent les gradins successifs de la croupe.

Finalement les débris de la division Marguerite sont forcés de chercher un refuge dans les bois de la Garenne.

Ce geste héroïque de la cavalerie n'a eu, comme vous le voyez, d'autre but que de sauver l'honneur des armes. Il ne pouvait même plus être question, à ce moment-là, de se sacrifier comme à Sadowa pour arracher l'infanterie à l'étreinte des armées allemandes.

Tout en rendant hommage aux sentiments chevaleresques qui ont animé les leaders de cette héroïque chevauchée, comment ne pas déplorer encore que tant de sang versé en fin de journée n'ait pas été employé plus utilement au début, alors que les batteries allemandes, se profilant sans soutien sur les crêtes de Saint-Menges, offraient une proie magnifique aux coups de la division Margueritte.

Maintenant il est 3 heures. C'est le moment où, au signal donné par une dernière et formidable salve de toute son artillerie, la Garde va, de concert avec le XIIe corps, précipiter ses colonnes d'attaque sur les bois de la Garenne où refluent pêle-mêle les débris de l'armée française traqués de tous les côtés.

La bataille est terminée, mais, hélas, ce n'est que le commencement de la débâcle !

* * *

Messieurs, je crois préférable d'arrêter ici le récit de la journée de Sedan. Le spectacle de cette armée agonisante est trop pénible pour qu'il soit possible de nous y attarder plus long-temps.

Les causes de la catastrophe, vous les connaissez tous.

Une armée s'est confinée depuis un demi-siècle dans le capora-lisme et la routine. Des victoires remportées dix ans auparavant sur des adversaires d'ordre inférieur lui ont donné une opinion très exagérée de sa valeur.

La légèreté gauloise n'a pas su établir la différence entre les avantages péniblement acquis sur les Autrichiens à Magenta et Solférino et les foudroyants succès remportés quelque temps après par les jeunes armées allemandes à Sadowa sur ces mêmes Autrichiens. Personne n'a su tirer cette conclusion que la guerre moderne nécessite un usinage préalable en temps de paix.

A tous les degrés notre armée était engourdie dans une con-fiante torpeur !...

Ce que le réveil a eu de terrible vous venez de le voir.

« Français plus forts que des lions au venir, plus lâches que des femmes au revenir », disait un historien du Moyen Age.

La constance dans l'adversité qui fait la grandeur de l'armée russe n'est certes pas la dominante des Français. Malheur à eux s'ils sont surpris par les coups de la fortune. Cette race nerveuse et impressionnable qu'est la nôtre, capable d'ailleurs de tous les héroïsmes, est susceptible alors de toutes les dé-faillances.

Notre histoire ne fourmille-t-elle pas d'exemples à cet égard?

Mais l'histoire aussi est là pour nous dire qu'aucune nation ne *peut compter plus que la nôtre sur de brusques revirements, que nulle n'est plus apte, grâce à de merveilleux ressorts*, à effacer les traces d'une déchéance momentanée. Ce sont ces grandes lois historiques qui nous permettent d'affirmer que l'expression de revanche n'est pas un vain mot. Ce mot répond à une idée très nette, particulièrement chère à un corps d'officiers jaloux de laver l'affront subi il y a quarante ans par ses devanciers dans les plaines de Sedan.

La revanche, on en a parlé beaucoup quand il n'était pas pos-sible d'y penser... ne cherchons pas à en taire le nom alors qu'on peut sérieusement y songer.

Plus que quiconque, nous devons conserver l'espoir ancré au

cœur, nous autres soldats, les nautonniers de la barque qui porte
la fortune de la France. Cette barque peut faire sienne la devise
de notre capitale « *Fluctuat nec mergitur* ». Ballottée un instant
par un vent pernicieux d'idées pacifistes et d'humanitarisme
décadent, elle a repris maintenant sa marche vers ses glorieuses
destinées.

C'est pourquoi, empruntant encore une fois mes expressions
à la belle concision latine, je vous dirai en terminant : « *Quoniam
vivite fortes* » *Ayez foi dans l'avenir*, et le jour viendra, n'en
doutez pas, plus prochain que vous ne le croyez peut-être, où
le peuple français saluera en vous les officiers de la revanche.

MANŒUVRE DE SEDAN

ORDRE DE BATAILLE

Allemands.

IIIᵉ ARMÉE

Général Frédéric-Guillaume, Prince Royal de Prusse.

Vᵉ corps d'armée : Général de Kirchbach;

VIᵉ corps d'armée : Général de Tümpling;

XIᵉ corps d'armée : Général de Bose;

Iᵉʳ corps d'armée bavarois : Général von der Tann;

IIᵉ corps d'armée bavarois : Général de Hartmann;

1ʳᵉ division wurtembergeoise : Général Obernitz;

4ᵉ division de cavalerie : Général Prince Albrecht de Prusse;

2ᵉ division de cavalerie : Général de Stolberg Wernigerode.

IVᵉ ARMÉE

Général Prince Royal de Saxe.

La Garde : Général Prince Auguste de Wurtemberg;

IVᵉ corps d'armée : Général d'Alvensleben Iᵉʳ;

7ᵉ division d'infanterie : Général Schwarzhoff;

8ᵉ division d'infanterie : Général de Schöler;

XIIᵉ corps d'armée saxon : Prince Georges de Saxe;

5ᵉ division de cavalerie : Général de Rheinbaben;

6ᵉ division de cavalerie : Général duc de Mecklembourg;

Division de cavalerie de la Garde : Comte de Goltz (12ᵉ division de cavalerie saxonne).

Le corps d'armée est à deux divisions d'infanterie.

La division comprend : 2 brigades d'infanterie; 1 régiment de cavalerie.

Français.

ARMÉE DE CHALONS

Aux ordres du Maréchal de Mac-Mahon.

1ᵉʳ corps d'armée.

Général Ducrot.

4 divisions d'infanterie :
{ Wolf;
Pellé;
Lhérillier;
de Lartigue.

1 division de cavalerie : Duhesme.

5ᵉ corps d'armée.

Général de Failly.

3 divisions d'infanterie :
{ Goze;
de Labadie d'Aydren;
Guyot de Lespart.

Division de cavalerie : Brahaut.

7ᵉ corps d'armée.

Général Douay (Félix).

3 divisions d'infanterie :
{ Conseil-Dumesnil;
Liebert;
Dumont.

Division de cavalerie : Ameil.

12ᵉ corps d'armée.

Général Lebrun.

3 divisions d'infanterie :
{ Grandchamp;
Lacrestelle;
de Vassoigne.

Division de cavalerie : Lichllin.

Division de cavalerie du 8ᵉ corps d'armée : de Salignac-Fénelon.

Réserve de cavalerie (2 divisions à 2 brigades) :
{ 1ʳᵉ Margueritte;
2ᵉ de Bonnemain.

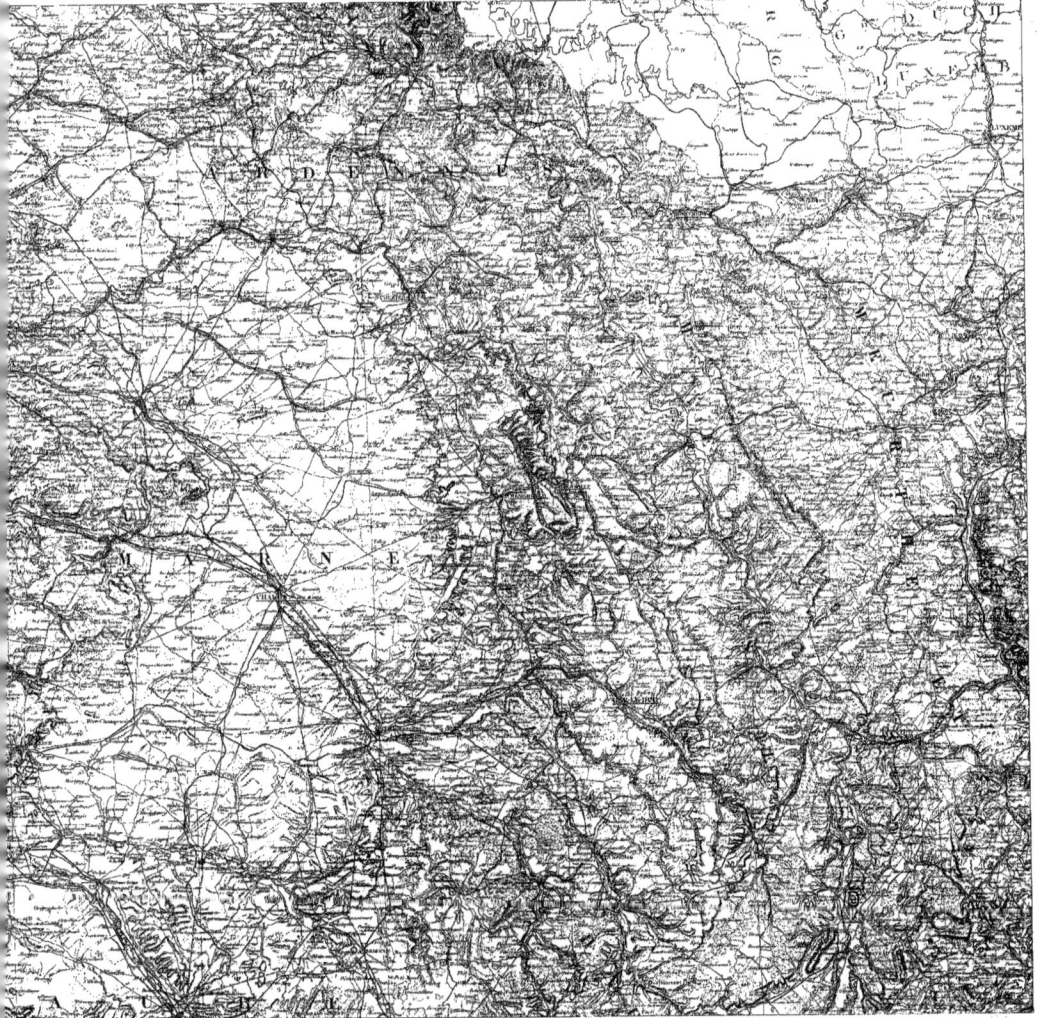

Pl. II.

BATAILLE DE BEAUMONT
Situation à midi

Pl. III.

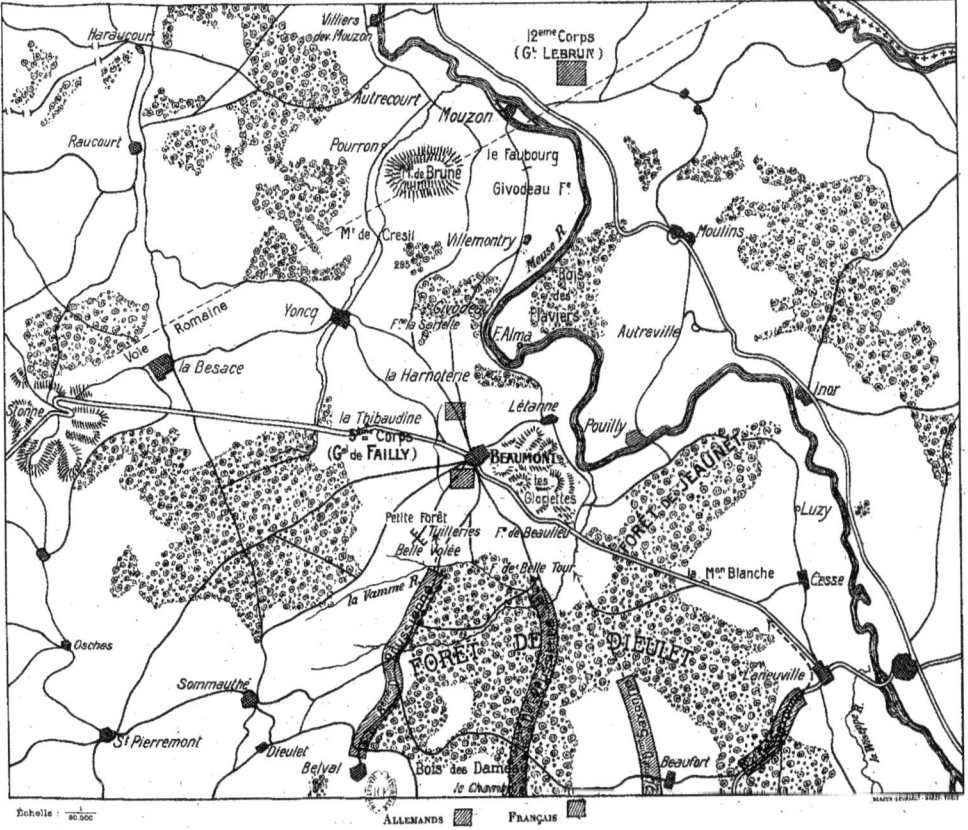

Haraucourt
Villiers dev. Mouzon
12ème Corps (Gl LEBRUN)
Autrecourt
Mouzon
Pourron
le Faubourg
Raucourt
Mt de Brune
Givodeau Ft
Mn de Cresil
Villemontry
Moulins
295
Meuse R.
Romaine
Givodeau
Yoncq
Fme la Sartelle
Bois des Flaviers
Autreville
Voie
la Besace
F.Alma
la Harnoterie
Létanne
Inor
Stonne
la Thibaudine
Pouilly
5me Corps (Gal de FAILLY)
BEAUMONT
les Glogettes
FORET de JAUNEL
Luzy
Petite Forêt
F. de Beaulieu
les Tuilleries
Cesse
Belle Volée
F. de Belle Tour
la Mon Blanche
la Vamme R.
Osches
FORET DE DIEULET
Laneuville
Ft Labourg
Sommauthé
Belval
Beaufort
St Pierremont
Dieulet
Bois des Dames
le Chamb.

Échelle : 1/80.000

ALLEMANDS ☒   FRANÇAIS ☒

TABLE DES MATIÈRES

———

———

NANCY-PARIS, IMPRIMERIE BERGER-LEVRAULT

LIBRAIRIE MILITAIRE BERGER-LEVRAULT
PARIS, 5-7, RUE DES BEAUX-ARTS — RUE DES GLACIS, 18, NANCY

Ouvrages du Général PALAT (Pierre LEHAUTCOURT)

LES ORIGINES DE LA GUERRE DE 1870
La Candidature Hohenzollern
1868-1870

1912. Un volume in-8 de 679 pages, broché . . . . **7 fr. 50**

HISTOIRE DE LA GUERRE DE 1870-1871
PREMIÈRE PARTIE. — LA GUERRE DE 1870

Sept volumes in-8, avec 29 cartes, brochés . . . . . **47 fr. 50**

TOME I. — **Les Origines.** — *Sadowa.* — *L'Affaire du Luxembourg.* — *La candidature Hohenzollern.* — *La dépêche d'Ems.* — 1901. Un volume de 422 pages . . . . . 6 fr.

TOME II. — **Les deux Adversaires. — Premières Opérations** (7 juillet-2 août 1870). — *La France : la nation et l'armée.* — *La concentration française.* — *L'Allemagne.* — *Premières opérations.* — 1902. Un volume de 488 pages, avec 2 cartes . . . . 6 fr.

TOME III. — **Wissembourg, Frœschwiller, Spicheren.** — 1903. Un volume de 595 pages, avec 4 cartes . . . . 6 fr.

TOME IV. — **La Retraite sur la Moselle, Borny.** — 1904. Un volume de 384 pages, avec 5 cartes . . . . 6 fr.

TOME V. — **Rezonville et Saint-Privat.** — 1905. Un volume de 750 pages, avec 5 cartes . . . . 7 fr. 50

TOME VI. — **Sedan** (7 août-2 septembre 1870). — 1907. Un volume de 800 pages, avec 9 cartes . . . . 10 fr.

TOME VII. — **Capitulation de Metz** (19 août-29 octobre 1870). — 1908. Un volume de 584 pages, avec 4 cartes . . . . 6 fr.

SECONDE PARTIE. — LA DÉFENSE NATIONALE

COURONNÉ DEUX FOIS PAR L'ACADÉMIE FRANÇAISE (2e GRAND PRIX GOBERT EN 1899 ET EN 1900)

Huit volumes in-8, avec 56 cartes, brochés . . . . . . **49 fr.**

Campagne de la Loire. — TOME I. *Coulmiers et Orléans.* 1893. Un volume de 478 pages, avec 6 cartes . . . . 7 fr. 50
— TOME II. *Josnes, Vendôme, Le Mans.* 1895. Un vol. de 448 pages, avec 13 cartes. 7 fr. 50
Campagne de l'Est. — TOME I. *Nuits, Villersexel.* 1896. Un volume de 301 pages, avec 7 cartes . . . . 5 fr.
— TOME II. *Héricourt, La Cluse.* 1896. Un volume de 300 pages, avec 4 cartes . . . 5 fr.
Campagne du Nord. — *La Défense nationale dans le Nord de la France.* Nouvelle édition, entièrement revue et corrigée. 1897. Un volume de 359 pages, avec 9 cartes. 6 fr.
Siège de Paris. — TOME I. *Châtillon, Chevilly, La Malmaison.* 1898. Un volume de 415 pages, avec 4 cartes . . . . 6 fr.
— TOME II. *Le Bourget, Champigny.* 1898. Un volume de 447 pages, avec 4 cartes . . 6 fr.
— TOME III. *Buzenval, La Capitulation.* 1898. Un volume de 460 pages, avec 5 cartes. 6 fr.

L'ouvrage complet en 15 volumes (au lieu de 96 fr. 50) . . **75 fr.**

GUERRE DE 1870-1871

APERÇUS ET COMMENTAIRES. — TOME I. *La Destruction des Armées impériales.* — TOME II. *Les Armées de la Défense nationale.* 1910. Ouvrage complet en deux volumes in-8 (738 pages), avec 5 cartes hors texte. — Prix, brochés . . . . **10 fr.**

LIBRAIRIE MILITAIRE BERGER-LEVRAULT

PARIS, 5-7, RUE DES BEAUX-ARTS — RUE DES GLACIS, 18, NANCY

La Stratégie de Moltke en 1870, par Pierre Lehautcourt. 1907. Un volume in-8 de 400 pages, avec 22 cartes hors texte, broché . . . . **10 fr.**

La Cavalerie allemande et l'Armée de Châlons (19-26 août 1870), par le même. 1912. Un volume grand in-8 de 71 pages, broché . . . . **2 fr.**

Les Avant-gardes à l'armée de Châlons le jour de Sedan, par le capitaine S. Boucquet. 1907. Brochure grand in-8 de 36 pages . . . . **1 fr. 50**

Études de marches. Iéna-Sedan. Textes, tableaux et cartes des marches de la *Grande Armée en 1806* (jusqu'à Berlin), et des *Armées allemandes en 1870* (du 31 juillet au 1er septembre). Suivi des tableaux des marches de la Grande Armée en 1805 (campagne d'Austerlitz), et des armées prussiennes en 1866 (campagne de Bohême), par le général Fay. Nouvelle édition refondue et augmentée. 1899. Album-portefeuille grand in-4, comprenant 56 pages de texte, 36 pages de tableaux et 2 superbes cartes de marches en 5 couleurs, grand in-folio . . . . **10 fr.**

La Retraite sur Mézières le 1er septembre 1870. Deux réponses à M. Alfred Duquet, par un Officier supérieur. Avec le fac-similé d'un billet du général de Wimpffen au général Ducrot. 1904. Un volume grand in-8 de 195 pages, broché . . . . . **3 fr.**

Encore la Retraite à Sedan. Réplique à « *La Retraite sur Mézières* par un *Officier supérieur*, par Alfred Duquet. 1903. Un volume grand in-8 de 119 pages, broché . . **2 fr.**

Les Régiments de la division Margueritte et les charges à Sedan, par le général Rozat de Mandres. 1908. Un volume grand in-8 de 305 pages, avec 5 cartes, 8 portraits et 8 photogravures, broché . . . . **7 fr. 50**

Récits sur la dernière guerre franco-allemande (du 17 juillet 1870 au 10 février 1871). *Wissembourg, Frœschwiller (Reichshoffen ou Wœrth). Sedan, Siège de Paris*, par C. Sarrazin, ancien médecin en chef de l'ambulance de la 1re division du 1er corps, etc. 1887. Un volume in-12, broché . . . . **3 fr. 50**

Essai sur l'Emploi de la Cavalerie. Leçons vécues de la guerre de 1870, *et faites en 1895 à l'École supérieure de guerre*, par le général Cherfils, ancien professeur à l'École supérieure de guerre. 1899. Un volume grand in-8 de 708 pages, avec un atlas in-4, comprenant une carte générale grand in-folio et 10 croquis en couleurs. **15 fr.**

La Cavalerie allemande pendant la guerre de 1870-1871. Étude tactique, par Jules de Chabot, colonel de hussards. Nouvelle édition, corrigée et augmentée. 1899. Un volume in-8 de 429 pages, avec 5 cartes, broché . . . . **7 fr. 50**

Spicheren (6 août 1870), par le lieutenant-colonel Maistre, du 79e régiment d'infanterie, ancien professeur à l'École supérieure de guerre. Préface de M. le général Langlois, ancien membre du Conseil supérieur de la guerre. 1908. Un volume gr. in-8 de 428 pages, avec 9 cartes et 10 vues panoramiques hors texte, broché . . . . . . **12 fr.**

L'Artillerie dans la bataille du 18 août. *Essai critique. Considérations sur l'artillerie de campagne à tir rapide*, par le lieutenant-colonel Gabriel Rouquerol, sous-chef d'état-major du 6e corps d'armée. 1906. Un volume in-8 de 519 pages, avec 7 croquis panoramiques et 7 plans avec 18 transparents, broché . . . . **12 fr.**

En marge de la bataille de Rezonville, par le général Cherfils. 1908. Grand in-8, avec 4 planches, broché . . . . **2 fr. 50**

Les Prodromes de Frœschwiller, ou 40 heures de stratégie de Mac-Mahon, par le commandant de Cugnac. Nouvelle édition. 1911. Grand in-8, 83 pages, avec 3 planches, broché . . . . **2 fr. 50**

La Bataille de Frœschwiller. *Les Préliminaires. Les Incertitudes. L'Événement*, par A. de Metz-Noblat, membre de l'Académie de Stanislas, de la Société des sciences de Nancy, etc. 1911. Un volume in-8 de 124 pages, avec 2 cartes et un itinéraire du champ de bataille, broché . . . . **2 fr. 50**

Le 17e Corps à Loigny, *d'après des documents inédits et les récits des combattants*, par H. de Sonis, chef de bataillon en retraite. 1909. Un volume in-8 de 493 pages, avec 8 croquis et une carte, broché . . . . **6 fr.**

La Vérité sur le siège de Bitche (1870-1871). Les quatre missions de l'auteur; leur but, leur résultat, par le capitaine Mondella, adjoint au commandant de la place de Bitche. (Couronné par l'Académie Française.) 1900. Volume in-12 de 300 pages. **3 fr. 50**

Les Champs de bataille de 1870, par Henri Donizy. Guide-Album avec 122 photographies et 10 cartes. Préface du général Lyautey. 1911. Brochure grand in-8 de 32 pages. Tirage en plusieurs couleurs . . . . **1 fr. 60**

NANCY-PARIS, IMPRIMERIE BERGER-LEVRAULT

www.ingramcontent.com/pod-product-compliance
Lightning Source LLC
Chambersburg PA
CBHW070934280326
41934CB00009B/1872